농구가 과학으로 강해진다

BASKETBALL GA KAGAKU DE TSUYOKUNARU!
Text & Supervised by Kiwamu Kotani, Hidenori Kashiwakura

Original Japanese edition published by Nitto Shoin Honsha Co.,Ltd.

This Korean edition published by arrangement with Nitto Shoin Honsha Co.,Ltd., Tokyo, through HonnoKizuna, Inc., Tokyo, and Korea Copyright Center Inc.(KCC)

BASKETBALL SCIENCE
농구가 과학으로 강해진다

삼호미디어
samho MEDIA

| 들어가는 말 |

'농구의 과학'이라는 말을 들으면 어떤 생각이 드는가? 어쩌면 '과학 같은 건 별로 좋아하지 않는데…' 하며 손사래 칠지도 모르겠다.

흔히 '과학'이라고 하면 실험실 안에서 많은 카메라에 둘러싸인 선수가 산소마스크를 쓰고 여러 장치를 부착한 채 슛을 쏘는 장면같이 실제 현장과는 거리가 먼 세상을 연상할 수도 있을 것이다.

농구에 과학이라는 잣대를 들이대는 것은 물론 어느 정도 어려움을 동반하지만, 과학의 세계는 정말로 폭이 넓다. 의과학, 생리학, 바이오메카닉스, 통계학 등 결과를 숫자로 표현할 수 있는 분야는 물론이고 철학, 심리학, 역사학 등의 인문학도 농구를 둘러싸고 있는 훌륭한 과학이다. '농구의 과학'이란 한정된 분야만을 가리키는 것이 아니라 이처럼 다양한 것이다.

농구 현장에서는 누구든 과학이 필요하다고 생각할 것이다. 어떤 트레이닝을 하면 좋을지, 이 전술은 정말 효과적일지, 공격할 지역의 우선순위는 어디인지, 수분 보충 타이밍은 언제가 좋은지 등 과학의 도움이 필요한 상황은 얼마든지 있다.

SCIENCE

또한 현장에는 실재 경험을 활용하는 것만으로는 해결할 수 없는 과제가 여기저기 존재하고 있다. 과학과의 접점은 의외로 가까운 곳에 있는 법이다.

물론 과학이 만능은 아니다. 지금의 과학으로는 해결할 수 없는 현상이 있다는 사실도 인정해야 한다. 그럼에도 과학적인 지식은 팀과 선수의 목표 달성을 도와주는 설득력 있는 정보를 제공해 준다.

《농구가 과학으로 강해진다》는 농구라는 공통 주제를 가진 연구자들이 전문 분야의 틀을 넘어서, 언뜻 난해해 보이는 학술적 주제를 가능한 한 쉽게 기술한 책이다. 이 중 어떤 과학적 지식을 어떻게 활용할지 취사선택하는 것은 현장 지도자와 선수의 몫이다. 이는 경기 규칙이 바뀌더라도 상황에 따라 충분히 활용할 수 있을 것이다. 이 책이 현장과 연구를 이어주는 다리가 되기를 진심으로 바란다.

집필자 일동

CONTENTS

PART 1 퍼포먼스의 과학

PART 2 공격의 과학

PART 3 수비의 과학

PART 4 팀 전술의 과학

PART 5 피지컬 & 멘털의 과학

PART 6 지도의 과학

이 책의 포인트

- 농구에서 득점을 올리려면 슛을 쏘는 횟수를 늘리는 것뿐만 아니라 슛 성공률을 높여야 한다. 릴리스 속도, 각도, 높이, 회전수, 드리블 등 슛 성공률을 높이는 투사 조건을 퍼포먼스의 과학을 통해 살펴본다(68쪽).

- 상대를 무너뜨리기 위한 다양한 공격 변화, 드라이브와 픽 앤드 롤을 중심으로 수비 테크닉의 포인트를 소개한다(84쪽).

- 수비의 목적은 상대 팀이 득점하는 것을 막는 것이다. 이를 위해 필요한 팀의 움직임과 1대1 상황에서의 움직임 등을 제3장 수비의 과학에 정리했다(109쪽).

- 속공과 스크린플레이 등 팀 전술에는 선수 간의 협조가 빠질 수 없다. 플레이 선택을 순간적으로 판단하기 위한 사고법과 연습 방법을 제4장 팀 전술의 과학에서 알아본다(127쪽).

- 농구 선수의 부상 중에서 가장 많은 것 중 하나가 발목염좌다. 빈번하게 발생하는 부상이므로 염좌에 대한 지식과 대처법을 알아본다(170쪽).

- '지금 하고 있는 지도 방법은 괜찮은 걸까?' 많은 지도자가 가진 고민을 해결해 줄 정보를 제6장 지도의 과학에서 소개한다(179쪽).

INTRO

과학을 활용한 플레이란

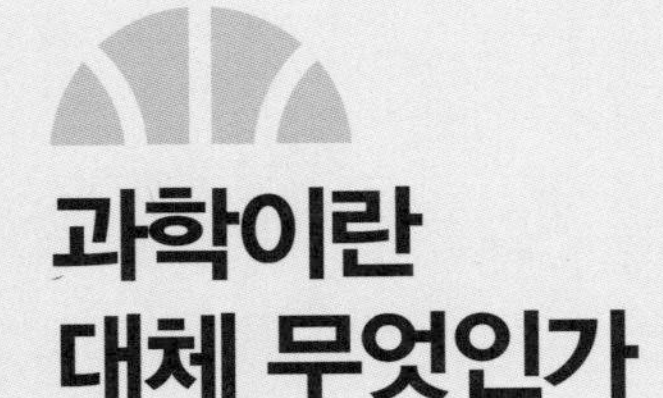

과학이란 대체 무엇인가

 과학이 갖는 두 가지 의미

라틴어 Scientia('학문' 또는 '지식'의 의미)를 기원으로 하는 'Science(과학)'는 넓게는 '학문'과 같은 의미로 사용된다. 이런 경우에는 물리학·화학·의학 등의 자연과학뿐만 아니라, 법학·경제학·정치학·역사학·심리학 등과 같은 인문·사회과학도 과학에 포함된다. 그리고 그 모든 것을 총칭하여 과학을 사용하기도 한다. 또한 과학은 '지식'이라는 좁은 의미로도 사용된다. 사전적인 의미로는 '관찰이나 실험 등 경험적 절차를 통해 실증된 데이터를 논리적·수리적으로 처리하여 일반화한 법칙적이고 체계적인 지식'이라 한다. 예를 들어 '모든 물체는 서로 끌어당기는 힘이 작용한다'라는 만유인력의 법칙은 관찰을 바탕으로 실증되어 보편성을 가지는 법칙이다.

법칙을 통해 어떤 일정한 조건 아래에서는 반드시 어떤 사건이 결과로 나타나는 것을 알 수 있다. 즉 '원인'과 '결과'라는 인과관계가 분명해진다. 그리고 재현성이 있는 사건에서 법칙성을 발견하는 것이 과학이므로, 농구 현장에서라면 리바운드하기 쉬운 위치를 실험과 관찰을 거듭해서 물리학적으로 밝혀내는 것이 바로 과학적인 접근이다.

 과학을 100% 그대로 받아들이지 않는다

이처럼 과학의 두 가지 의미에 걸쳐있는 것이 '스포츠 과학'이다. 간단히 말하자면, 스포츠 과학은 과학이라는 이름 아래에 있는 여러 분야의 지식과 정보를 스포츠 실전 현장에서 활용하는 것이다.

예를 들어 몸을 사용하거나 공을 다루는 법에 관해서는 물리학이나 바이오메카닉스의 지식이 도움이 되고, 근력이나 지구력에 관해서는 생리학이나 해부학, 영양학이 많은 것을 시사해준다. 의식을 사용하는 방법에 관해서는 심리학이나 뇌과학과 같은 학문이 유익하다. 이 책에는 이러한 여러 분야의 지식을 활용한 정보를 소개하고 있다.

마지막으로 '비과학적' 또는 '과학적'이라는 표현을 통해서 과학에 대해 가져야 할 태도를 생각해보자. 예전에는 연습 중에 물을 마시지 않도록 지도하는 코치가 많았다. 하지만 지금은 그런 지도 방식은 비과학적이라 해서는 안 되는 것으로 본다. 생리학을 근거로 생각해보아도 인간은 수분을 섭취하지 않으면 탈수증상이 생겨서 운동에 관계하는 여러 부분의 기능이 저하되므로, 운동할 때 적절하게 수분을 보충하는 것이 필요하다. 따라서 요즘은 물을 마시지 못하게 하는 경우가 거의 없어졌다.

이런 방식은 실험과 관찰을 거듭해서 타당성이 검증된 것이다. 다만, 다른 한편으로는 그것이 과학적이기 때문에 그에 대한 반증이 나타날 가능성이 제로라고 할 수는 없다. 그러므로 과학에 근거한다는 이유만으로 100% 옳다는 생각은 버려야 한다.

우리에게 요구되는 것은 과학적 견해라면 무조건 믿는 것이 아니라, 그것이 타당한지 계속 생각하면서 활용하는 자세라 할 수 있다.

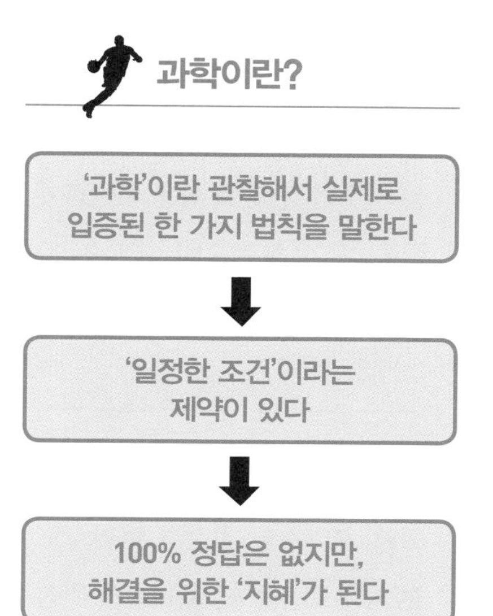

과학으로 플레이를 생각한다

 일정한 조건에서는 일정한 결과가 나온다

농구라는 실전 현장에서 과학을 활용할 때 중요한 것은 과학적인 지식의 보편성을 이해하고 눈앞에 있는 상황의 특성을 간파한 후 적절하게 적용하는 것이다. 재현성이 있는 현상에서 발견한 과학적 지식은 어떤 일정한 조건 아래에서는 그에 따라 일정한 결과가 나온다는 것을 우리에게 가르쳐준다.

단, 그런 보편성을 가진 과학적 지식을 모든 상황에서 활용할 수 있는 것은 아니다. 우리가 농구 현장에서 맞닥뜨리는 것은 각각 다른 특징이 있는 개인과 팀이다. 그러므로 어떤 선수에게 도움을 준 지식이 다른 선수에게도 도움이 된다고 단정할 수는 없다.

코치나 트레이너처럼 지도하는 위치에 있는 사람은 먼저 자신이 마주하는 선수와 팀의 특성을 확실하게 파악한 후 어떤 지식을 적용할지 생각해야 한다. 이때 필요한 것은 지식과는 다른 어떤 지적인 능력이다. 즉, 보편적인 지식과 개별적인 사정을 이어주는 지혜가 필요하다.

 각자의 '과학'을 발견한다

고대 그리스의 철학자 아리스토텔레스는 보편과 각 개체를 매개하는 '지' 본연의 모습 중에서 제작에 관한 것을 '기술(테크네)', 행위에 관한 것을 '사려(프로네시스)'라고 불렀다.

예를 들면 의술은 의학적인 지식을 바탕으로 환자의 건강을 만들어낸다는 의미에서 '기술'이다. 이렇게 생각하면 스포츠 과학의 지식을 바탕으로 선수와 팀에 좋은 상태를 만들어내는 기술을 '코칭 기술'이라 할 수 있다.

조금 단순한 도식이긴 하지만, 어떤 선수에게 슈팅 능력을 높이는 지도가 필요한 상황을 생각해보자. 먼저 ① 좋은 슛이 어떤 것인지를 인지하고 ② 눈앞에 있는 선수의 특징과 현재 상황을 파악한 다음 ③ 어떤 지도를 하면 선수가 좋은 슛을 익힐 수 있을지를 고민하는 것이 필요하다. 그런데 각 선수의 특징과 현재 상황을 파악하려면 경험이 필요하다는 것을 잊어서는 안 된다.

각자의 '과학'이 만들어내는 것

지(知) + 경험 = 더 좋은 선수 / 이기는 팀 / 진정한 실력

지(知)란

- 스포츠 과학의 지식
- 언론에서 얻는 정보
- 규칙 이해 등

경험이란

- 선수의 특징과 현재 상태를 파악한다
- 간파한 정보를 바탕으로 적절한 행동
- 자신이 가진 코칭론

지도할 때에는 ④ 연습 환경을 설정해서 ⑤ 연습을 시키고 ⑥ 연습에 대한 피드백을 준다(또는 선수의 특성을 고려해서 피드백을 주지 않는다)는 것인데, 이것은 특히 코칭 기술에 관한 영역이라 할 수 있다. 앞서 말한 의술의 경우, 약 처방을 하거나 수술하거나 하는 것이 여기에 해당한다.

이렇게 실전 현장에서 성공한 경험을 쌓아가다 보면 어떤 선수에게 어떤 과학적 견해를 근거로 지도해야 잘될 가능성이 큰지 점차 알게 될 것이다.

과학에서 얻은 힌트를 플레이에 활용한다

 경험에만 의지하는 지도자에게는 한계가 있다

농구뿐만 아니라 스포츠계에서 코치의 경험에만 의지하는 지도 방식은 이미 사라진지 오래다. 경험이 중요한 무기라는 것은 분명하지만, 요즘은 모든 과학적인 방법을 총동원해서 경기의 승리와 퍼포먼스 향상을 목표로 해야 한다.

단, 과학적인 연구 성과를 현장에 도입할 때 주의해야 할 점이 있다. 모든 것을 수량화하는 자연과학 분야든, 그렇지 않은 인문 · 사회과학 분야든 객관적인 연구 성과를 내기 위해 대상을 한정하는 것이 보통이다. 따라서 연구자가 설정한 조건과 자신의 팀 · 선수가 가진 조건이 같지 않을 수 있으니, 학술적인 연구 방식을 그대로 도입할 수는 없다. 그러므로 과학적인 지도 방식이 만능은 아니라는 것을 이해하는 것 또한 중요하다. 이러한 생각을 전제로 과학과 농구 플레이의 접점을 생각해보자.

 과학과 연구결과를 조정한다

예를 들어 우리 팀의 과제가 '슛한 다음 과감하게 리바운드한다는 강점은 있지만, 리바운드를 잡지 못했을 때 상대에게 속공을 허용하는 것'이라고 하자.

여기서 공격 리바운드를 차지하는 비율을 높이고 싶을 때, 무작정 뛰어드는 것보다 '저기서 던진 슛은 대체로 ○○근처에 떨어지는 경향이 있다'

와 같이 통계적으로 증명된 연구가 있다면, 리바운드에 들어갈 때 더 예측하기가 쉬워진다. 관련 논문이나 연구자료 등을 참고해서 자기 팀의 리바운드 볼 방향을 계산하는 방법을 아는 것도 좋을 것이다.

만약에 어떤 팀이 리바운드를 시도한 후에 효과적으로 복귀하는 방법에 관해 알고 싶다면 수비 전환에 관한 연구 결과를 참고할 수 있다. 우리 편이 슛을 던졌을 때 리바운드 배치나 그 후에 속공을 막으면서 수비 태세를 정비하는 방법도 알 수 있을 것이다. 물론 각자의 팀 사정에 맞춰 조정하는 것은 불가피하겠지만 그 과정에서 아이디어를 얻을 수 있다.

이렇게 폭넓은 의미의 '농구의 과학'은 그 지식을 그대로 도입하는 것은 어렵지만, 팀과 개인의 과제를 해결하기 위한 힌트를 제공해 준다. 이처럼 과학을 플레이에 활용하면 효과적으로 농구 지능을 높일 수 있다.

과학에서 얻은 힌트를 어떻게 살릴까

1 팀에 과제가 있다

예) 3점슛 성공률이 높아지지 않는다
소유하지 않은 상황에서 쉬어 버린다

2 과제를 극복하는 주제를 설정한다

예) 3점슛이 잘 들어가는 상황을 만든다
공을 소유하지 않은 상황에서 어떻게 움직일지를 의식한다

3 주제에 대한 연구를 참고한다

예) 슛의 정확도를 높이려면 림을 어떻게 볼 것인가(76쪽)
공을 소유하지 않은 상황에서 판단 기준(104쪽)

4 과제 해결의 실마리를 발견한다

농구에 관한 논문을 찾는 방법

 과학 = 논문을 읽는다

최신 농구 과학에 관한 정보는 대개 논문의 형태로 발표된다. 논문 검색 사이트에서 '농구' 등으로 검색하면 관련된 논문을 찾을 수 있다. 예를 들어 패스에 관한 논문을 찾는다면 '농구 패스', 슛에 관해서라면 '농구 슛' 등으로 검색한다. 학위논문이나 학술논문뿐만 아니라 학회지, 연구보고서, 단행본 등의 자료도 검색이 가능하므로 손쉽게 과학적인 정보를 얻을 수 있다.

 논문의 정리 부분을 읽는다

농구에 관한 논문을 입수했다 해도 그것을 읽기는 쉽지 않다. 그래서 추천하는 방법은 논문 마지막의 결론 부분인 맺음말이나 논문 내용을 간략하게 요약 정리한 초록을 읽는 것이다. 여기에는 연구 목적이나 연구 결과로 알게 된 최종 결론이 간결하게 정리되어 있다.

그중에는 연구 결과를 지도 현장에서 활용하는 방법을 상세하게 제안해

사이트 이름	URL
KERISS 학술연구정보서비스	http://www.riss.kr
KISS 한국학술정보	http://kiss.kstudy.com
earticle 학술논문검색	https://www.earticle.net
Google Scholar 구글 스콜라	https://scholar.google.co.kr

주는 것도 있다. 물론 지도 현장에서 활용하는 방법까지 소개하는 논문은 많지 않다. 그러므로 논문의 연구 결과를 지도 현장에 도입하려면 이 책처럼 논문 내용을 분류해 정리한 것이 필요하다.

또한 학회 등에서 연구자와 토론하고 지도 현장에서 활용하는 방법도 효과적이다. 학회라고 하면 연구자의 모임이라 코치 등 현장 지도자와는 관계없다고 생각할 수도 있지만, 학회에는 연구자 외에도 많은 코치와 농구 관계자가 속해 있어서 세미나, 계절 강좌, 워크숍 등을 통해 얻은 최신 연구 결과를 지도 현장에 도입하고 있다. 학회에 소속되어 실제 지도 현장에서 코치로 활약하는 사람도 적지 않으므로 더욱 현실적인 활용 방법을 얻을 수 있을 것이다.

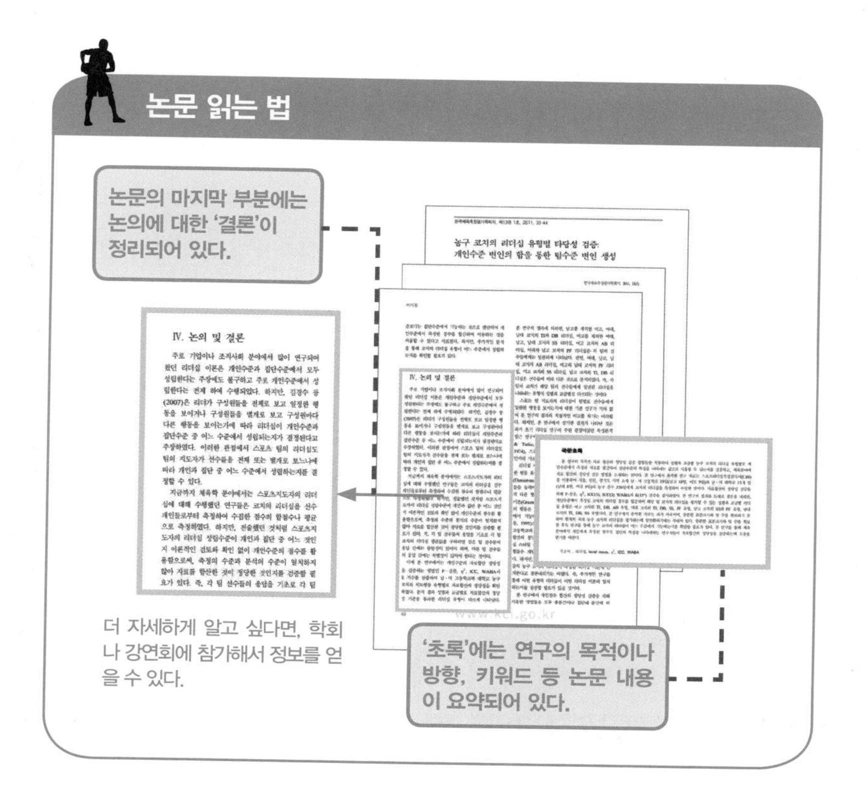

농구 이야기 1

농구의 시작과 규정 변화

농구는 1891년 미국 매사추세츠주 스프링필드의 YMCA 체육 학교(스프링필드대학교의 전신)에 소속된 캐나다 출신의 체육교사 제임스 네이스미스가 처음 만들었다. 그는 겨울철 실내에서도 축구나 미식축구처럼 재미있고 운동 효과가 있는 스포츠를 생각하다가 농구를 창안하게 되었고, 5개의 원칙과 13개의 기본 조항을 제정하였다. 이 기본 조항에는 팀 인원과 경기장 규격 등 구체적인 규정은 없었다. 공은 축구공을 사용했고, 1892년 스프링필드 대학 실내체육관에서 최초의 농구 경기를 치렀다. 1894년에야 축구공보다 지름이 10㎝ 큰 농구공이 탄생했으며, 1912년에는 철제 링과 밑이 터진 그물이 등장했다.

1895년에야 한 팀을 5명으로 구성한다고 정하여 2년 뒤에 규정에 이 숫자를 명문화시킴으로써 현재까지도 적용되고 있다. 1896년 최초의 공식 경기규칙위원회가 구성되었고 1903년 코트의 라인은 모두 직선이어야 한다고 규정하였다. 1932년에 FIBA(국제농구연맹)가 결성되면서 통일된 규칙이 제정되어 급속도로 전 세계에 보급되었다. 1936년 제11회 베를린 올림픽 대회에서 처음으로 정식종목으로 채택되었으며, 1992년 제25회 바르셀로나 올림픽 대회부터는 프로 선수들의 올림픽 출전을 허용함으로써 세계적인 종목으로 거듭나게 되었다.

PART 1

퍼포먼스의 과학

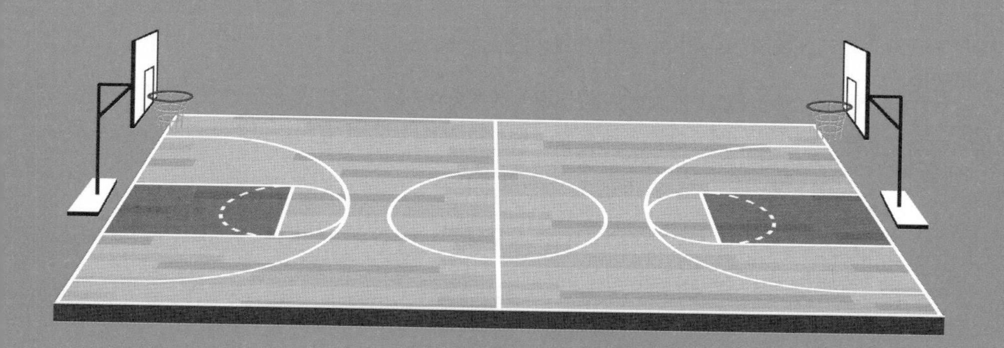

01 농구에 필요한 주력이란

시합 중에 움직이지 않는 시간은 3% 이하

농구는 시합 중 득점이나 실점 후에도 경기가 멈추지 않고 공격과 방어를 교대하여 연속으로 진행한다.

농구 시합에서 이동 거리에 관해 분석한 연구에 따르면, 승리한 팀의 평균 이동 거리는 약 5,606m, 진 팀은 약 5,568m였다. 가장 이동 거리가 긴 선수는 이긴 팀에서 5,896.5m, 진 팀에서 5,748.6m였고, 두 선수는 모두 각자의 팀에서 최다 득점자였다. 이를 통해 득점을 많이 올리는 선수는 운동량이 많다는 것을 알 수 있다.

그렇다면 시합 중 '이동'이란 어느 정도의 빠르기이고, 어떤 강도를 말하는 것일까?

농구의 이동 속도에 관한 연구에서 한 시합을 통해 가장 적은 수치를 보인 것은 '서 있는 것'으로 전체 시간의 약 3% 이하였다. 시합 중 약 70%가 2.0m/s 이하인 걷기 및 조깅 정도의 빠르기로, 경기 중에 완전히 멈춰있는 시간대는 매우 짧으며 시합 중에는 대부분을 느린 속도로라도 이동하고 있다는 것을 알 수 있다. 또한 초당 3~5m 이상으로 달리는 상태는 약 25% 정도이며, 시합 중 운동 상태는 걷기와 달리기의 비율이 2 : 1 정도라고 한다.

그림1은 시합 중 이동 속도를 포지션별로 표시한 것이다. 이를 보면 가드와 포워드, 센터 등 어떤 포지션이라도 격한 동작과 완만한 동작, 달리지 않는 동작의 비율이 비슷하다는 것을 알려준다.

이를 통해 농구 선수에게는 완전히 멈춰서 휴식하지 않고 걸으면서 체력을 회복하는 간헐적 운동 능력이 중요하다는 것을 알 수 있다.

농구에는 인터벌 트레이닝이 필요하다

선수가 아무리 빠르고 퍼포먼스가 좋다고 해도 심폐지구력과 유산소 능력이 떨어져 빨리 지치게 된다면 경기시간이 지날수록 퍼포먼스가 떨어지게 되고 제 기량을 발휘할 수 없게 된다. 이처럼 운동 선수에게 심폐지구력과 유산소 지구력은 매우 중요하고 기본적인 능력이다.

농구에서 퍼포먼스를 향상하려면 단지 계속 달릴 수 있는 지구력뿐만 아니라 최고 속도 이동과 완만한 속도로 이동하는 것을 반복하는 인터벌

그림1 포지션별 이동 속도 분포

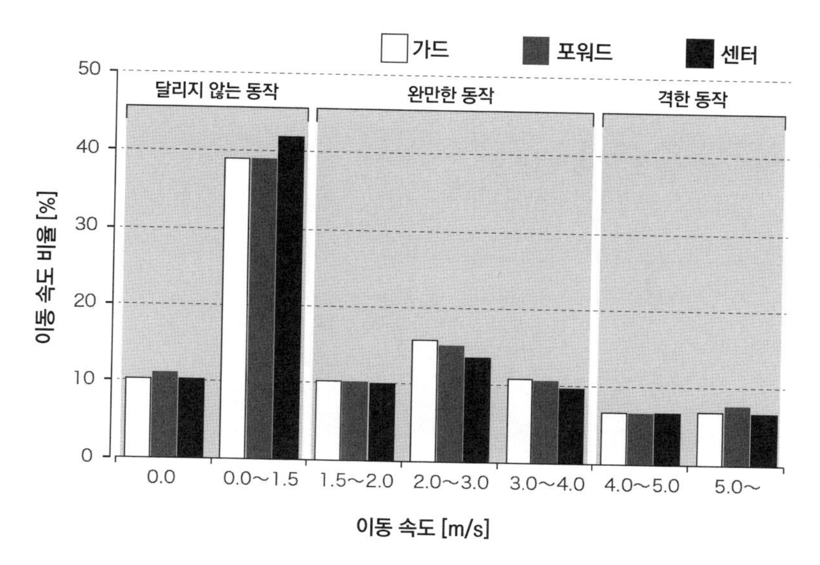

※ 2015, 《일본 여자 최정상 수준 농구 선수의 시합 중 이동 거리 및 이동 속도》에서 발췌

그림2 **Yo-Yo 지구력 테스트**

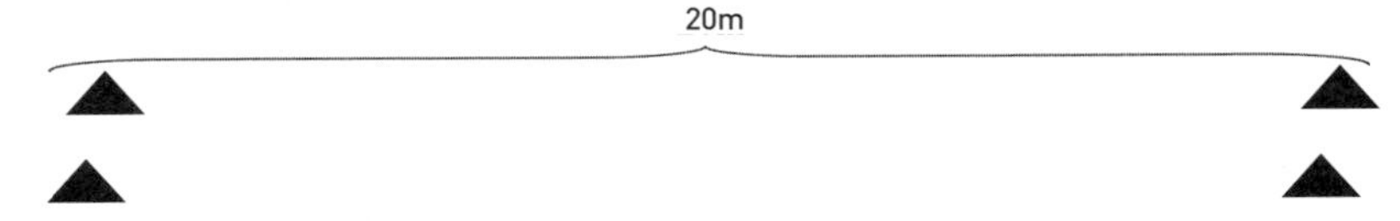

출발선에서 첫 신호를 듣고 달리기 시작해서 다음 신호에 20m 앞의 표지에 도착하도록 달리는 스피드를 조절한다(※주1). 20m 표식을 돌아서 다음 신호까지 처음 표식으로 돌아간다.

그림3 **Yo-Yo 간헐성 지구력 테스트**

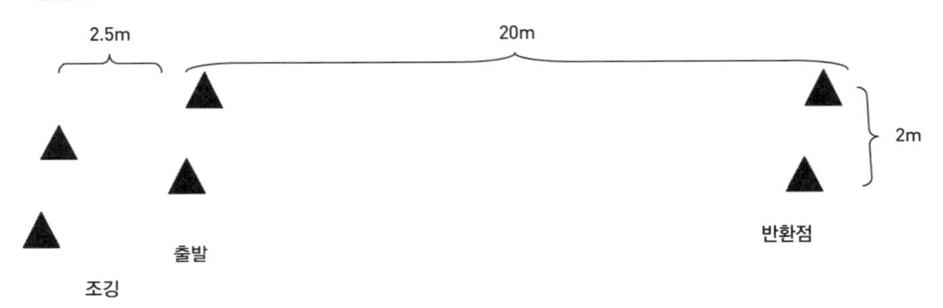

출발선에서 첫 신호를 듣고 달리기 시작해서 다음 신호에 20m 앞의 표지에 도착하도록 달리는 스피드를 조절한다(※ 참조). 20m 표식을 돌아서 다음 신호까지 처음 표식으로 돌아간다. 출발선에 돌아왔으면 조깅으로 2.5m 앞에 있는 표식을 돌아서 조깅으로 출발선으로 돌아간다.

그림4 **간헐성 회복력 테스트**

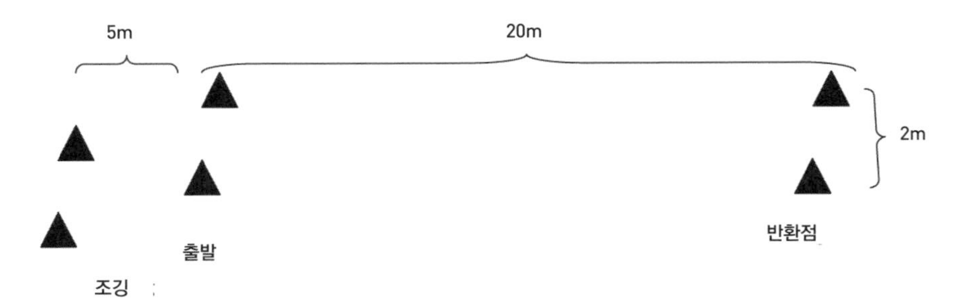

그림3의 Yo–Yo 간헐성 지구력 테스트와 거의 같은 방법이며, 조깅 거리가 5m이다.

※ 반환점에 일찍 도착해도 멈춰서 신호를 기다릴 필요는 없다. 늦게 도착해도 벌칙은 없다.

트레이닝이 필요하다. 그래야 완전히 정지하지 않고 걸으면서 휴식을 취할 수 있고, 시합 수준의 동작에 더 가까운 상태를 만들어낼 수 있을 것이다.

간헐적 운동 능력을 파악하는 방법으로는 Yo–Yo 테스트가 있다.

Yo–Yo 테스트는 흔히 '셔틀 런'이라 부르는 왕복 순환운동으로, 테스트 방법에는 다음의 세 가지가 있다.

① 쉬지 않고 긴 거리를 달리는 전신 지구력을 평가하는 Yo–Yo 지구력 테스트 (**그림**2)

② 움직이는 중에 짧은 휴식을 포함하는 간헐성 지구력을 평가하는 Yo–Yo 간헐성 지구력 테스트 (**그림**3)

③ 짧은 휴식으로 스피드를 회복하는 간헐성 회복력을 평가하는 Yo–Yo 간헐성 회복력 테스트 (**그림**4)

모든 테스트에는 두 가지 레벨이 있다. Yo–Yo 테스트는 과학적인 결과를 바탕으로 최대 산소섭취량을 측정할 수 있다. 선수들의 최대 산소섭취량은 경기 중 이동 거리, 테크닉, 팀 플레이를 유지하는 데 매우 중요하다.

Yo–Yo 간헐성 회복력 테스트는 대체로 가장 많이 사용하는 지구력 평가 테스트인 20m 셔틀 런, 직선 달리기, 민첩성을 평가하는 방향 전환 달리기와 관련이 있으며, 테스트 결과 남녀 선수 모두 같은 경향을 보인다.

이처럼 Yo–Yo 간헐성 회복력 테스트는 남녀 농구 선수의 간헐적 운동 능력을 평가하는 데 적합하며, 트레이닝으로도 사용할 수 있다.

02 농구에 필요한 민첩성을 기르려면

 '빠르기'를 단련하는 SAQ 트레이닝

민첩성은 신체 위치 및 이동 방향을 빠르게 전환하는 능력을 말한다. 농구는 공격과 수비가 쉴 새 없이 바뀌며 빠르게 전개되는 경기이므로 빨리 달리는 것 외에도 재빠른 상황 판단, 그에 걸맞은 동작의 민첩성이 필요하다. 또한 직선적인 스피드에 정교하고 빠른 풋워크 동작이 요구된다고 할 수 있다.

민첩성을 높이면 자신이 생각한 타이밍과 속도로 정확하게 움직일 수 있을 것이다. 동작의 정확성뿐만 아니라 얼마나 빨리 움직일 수 있는가와 어떤 동작을 얼마나 빨리할 수 있는가는 거의 모든 스포츠에 공통으로 적용되는 과제다.

1980년대 후반 미국에서 '빠르기'를 단련하는 훈련으로 SAQ 트레이닝을 개발했다. SAQ는 빠르기의 3요소인 Speed(스피드), Agility(민첩성), Quickness(순발력)의 머리글자로, 뇌에서 나온 명령을 신경을 거쳐서 근육으로 전달하는 전달 속도를 높이는 신경계 트레이닝으로 자리매김하고 있다.

SAQ 트레이닝에서는 각 경기의 전문적인 동작에 주목해서 상황마다 어떤 빠르기가 필요한지 생각하고, 그에 맞는 동작을 정확하게 수행하는 것이 중요하다.

 SAQ 트레이닝을 대표하는 사다리 트레이닝

SAQ 트레이닝에는 밧줄 사다리 위를 다양한 스텝으로 이동하는 사다리 트레이닝과, 바닥 위에 30cm까지 다양한 높이로 설치한 막대나 허들을 넘는 미니 허들 트레이닝, 고무 재질의 원통형 운동 기구로 빠른 동작을 익히는 바이퍼 트레이닝, 무게가 나가는 공을 사용한 메디신 볼 트레이닝 등이 있다.

이 중에서 구기 운동을 중심으로 많이 도입하고 있는 것이 사다리 트레이닝이다. 농구 선수를 대상으로 한 연구에서도 트레이닝 효과를 인정하고 있으며, 6주~2개월간 계속할 필요가 있다고 한다. 사다리 트레이닝은 스포츠 트레이닝뿐만 아니라 일반 대학생들의 체력 만들기에도 효과가 있으며, 초등학생에게는 50미터 달리기, 제자리 멀리뛰기, 반복 사이드 스텝 실력 향상에도 효과가 있었다는 보고도 있다.

대표적인 사다리 트레이닝 방법 중 몇 가지를 32쪽에서 소개한다. 사다리 트레이닝을 하면 모든 종류에서 전진뿐만 아니라, 후진하거나 옆으로(좌우 모두) 이동하는 몸의 전후좌우 밸런스가 좋아진다. 또한 트레이닝 종류도 다양해서 효과적으로 신경계 트레이닝을 할 수 있다.

소개한 내용 외에도 발동작으로 '가위/바위/보'를 정해서 '가위/보/바위'처럼 순서를 바꾸거나 '바위/가위/보/가위'처럼 네 가지로 동작을 취하는 방법도 추천한다.

가위/바위/보는 초등학생도 이해할 수 있으므로 모든 영역에서 도입할 수 있다. 사방치기 놀이를 할 수도 있고, 사다리 길이에 따라 다양하게 활용할 수 있다. 여기에 소개된 방법 이외에도 각자의 아이디어로 트레이닝 메뉴를 확장해보자.

그림1 슬랄롬 점프

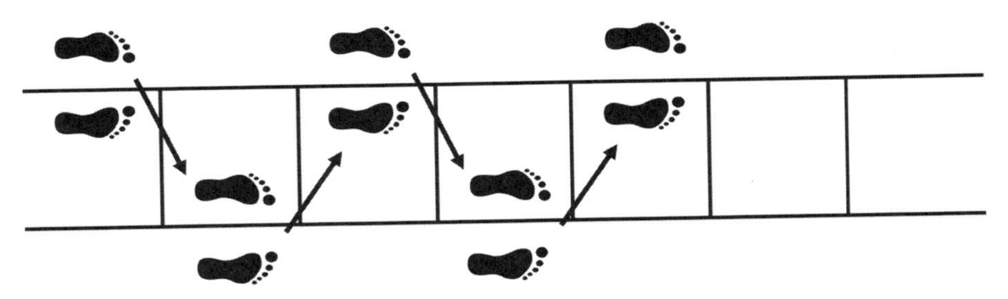

1 발을 나란히 하고, 양발로 좌우로 점프하면서 나아간다.
2 한쪽 발에만 체중을 싣거나, 한쪽 발로 착지하지 않도록 주의한다.

그림2 퀵 런

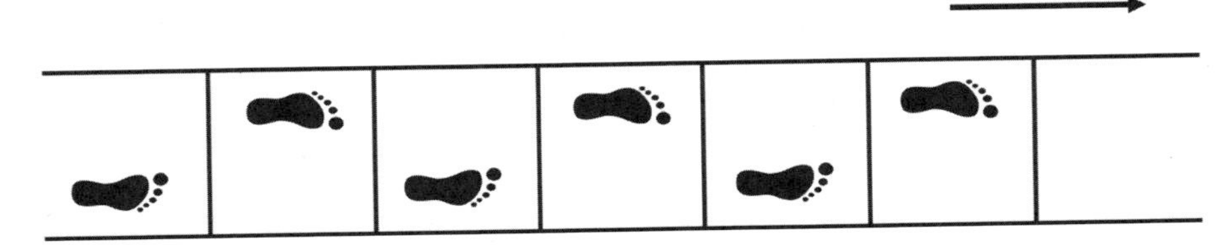

1 무조건 빨리 달린다.
2 무릎을 높이 올리지 않고 빨리 내리는 것을 의식한다.

그림3 래터럴 런

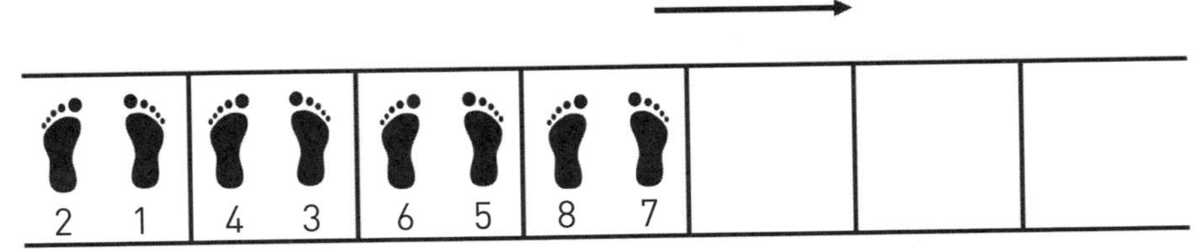

1 옆 방향으로 시행한다.
2 한 칸에 두 발씩 넣고 옆으로 재빨리 이동한다.
3 무릎을 높이 올리지 않고 빨리 내리는 것을 의식한다.

그림4 **패럴렐**

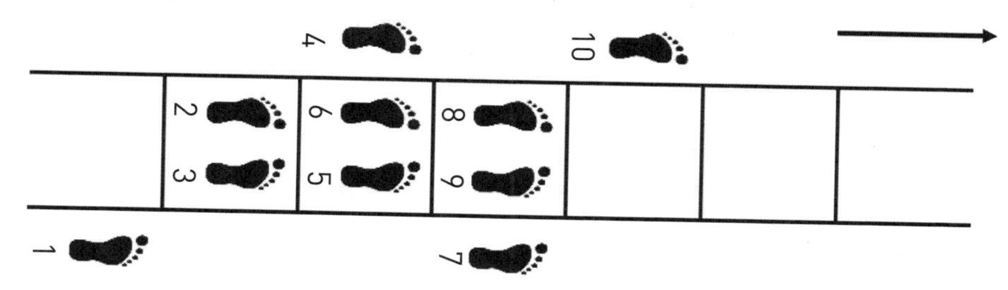

1 칸 밖을 한 번 밟고, 칸 안을 두 번 밟는다.
2 이 동작을 좌우로 반복하며 칸 밖을 밟을 때 전진한다.

그림5 **1인 2아웃**

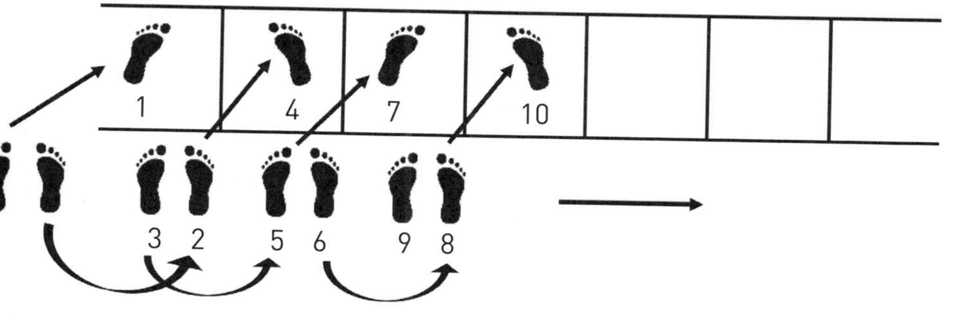

1 옆 방향으로 시행한다.
2 허리를 틀어서 한 발을 교차하여 칸 안을 밟는다. (1 in)
3 칸 안에 넣지 않은 발을 칸 밖에서 옆으로 이동한다. (2 out)
4 처음 디딘 발이 아닌 발로 칸 안을 밟는다. (1 in)
5 마찬가지로 칸 밖의 발을 칸 밖에서 옆으로 이동한다. (2 out)
6 칸 안을 밟을 때 전진한다.

03 빠르게 사이드 스텝을 하려면

 사이드 스텝의 동력원은 하체의 신전근군

사이드 스텝은 수비에서 빼놓을 수 없는 기본 동작이다.

예를 들어 수비에서 상대의 움직임을 막으려면 상대보다 빨리 다음 장소로 이동해야 한다. 상대보다 빨리 다음 장소로 이동한다는 것은 '내딛는 스피드를 높여서 빨리 내디딘다'라는 의미와 '동작에 걸리는 시간을 단축해서 빨리 움직인다'의 두 가지 의미가 있다.

크게 스피드를 내는 '빠르기' 중에서 앞 방향으로 빨리 달리거나 위쪽으로 큰 힘으로 높이 뛰는 것과 관련된 자료는 많이 찾을 수 있다. 그렇지만 옆 방향으로 빠르게 움직이는 '빠른 사이드 스텝'과 관련된 자료는 그리 많지 않다.

옆으로 움직일 때와 앞이나 위쪽으로 움직일 때를 비교해 보면, 움직임의 주요 동력원은 같다. 하체의 신전근군을 사용하는 것이다. 따라서 사이드 스텝의 스피드를 높이려면 이 부위를 강화하는 것이 효과적이다.

 고관절 내외전 힘도 빼놓을 수 없다

사이드 스텝은 다리를 옆으로 벌리는 고관절 외전 동작을 동반한다. 이에 대해 설명하는 트레이닝 전문서 중에는 고관절 내외전과 관련 있는 근육군 강화가 중요하다고 기술되어 있는 것도 있다.

하지만 실제로는 그렇지 않다. 사이드 스텝 스피드와 비례해서 커진 힘은 고관절 및 슬관절 신전과 족관절 저굴과 관련된 힘이다(**그림**1).

즉, 사이드 스텝에서 뛰어나가는 스피드를 만들어내는 동력원은 고관절 외전에 의한 힘이 아니라, 하체의 세 관절을 펴는 힘이라는 것이다.

여기서 주의할 점은 고관절 내외전 힘도 사이드 스텝에서 빼놓을 수 없다는 것이다. 어떤 연구에서는 사이드 스텝 스피드에 관계없이 고관절 내외전은 비교적 큰 힘을 발휘할 수 있다고 밝히고 있다.

좀 더 자세하게 설명해보자. 고관절 외전근력은 큰 스피드를 내는 직접적인 동력원이 아니다. 그렇지만 고관절 외전근력은 신전근군이 만들어내는 스피드를 옆 방향으로 사용하는 데 중요한 역할을 한다. 즉, 옆으로 움직이려고 몸을 기울였을 때 체간으로 직립 상태를 유지할 수 있도록 조정하는 것이다.

그림1 사이드 스텝 동작의 스피드를 만드는 동력원

왼쪽 아래에 표기한 동작이 사이드 스텝 스피드에 영향을 준다.

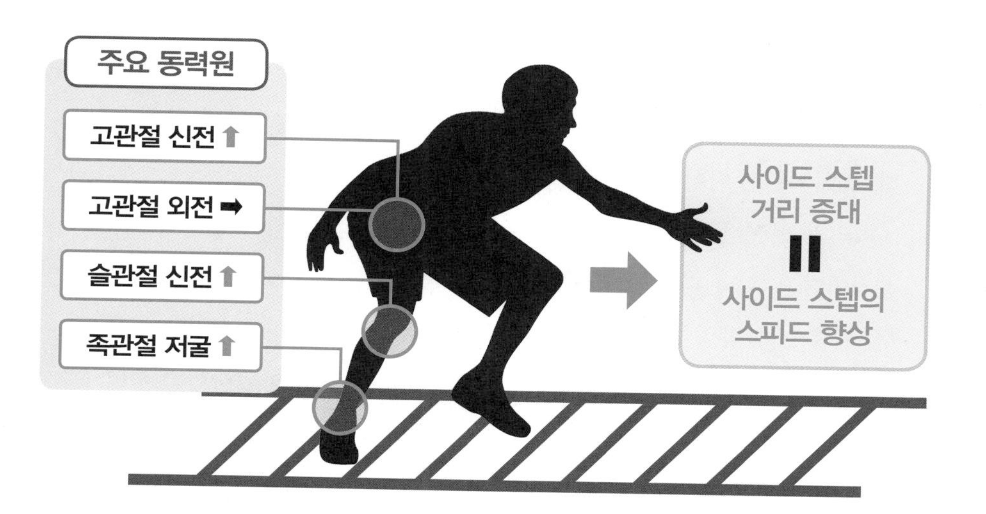

고관절 내전근군은 사이드 스텝으로 지면을 벗어나면서 다음 움직임을 위해 다리 전체를 스텝을 밟은 방향으로 끌어당길 때 중요하다. 그러므로 더 빠르게 사이드 스텝을 하려면 하체의 신전근군을 강화하여 속도를 생성하는 큰 동력원을 만들고, 목표로 하는 방향으로 발휘한 힘을 향하게 하는 기술이 필요하다.

따라서 절대적인 동력원의 출력을 높이는 방법과 몸의 한쪽 면을 벽에 붙이거나, 팀 동료가 허리와 어깨에 부하를 가하거나 해서 옆 방향으로 힘을 사용하는 방법을 터득하는 트레이닝을 해야 한다.

동작 시간을 단축하려면 낮은 자세로

그러면 첫 번째 스텝을 내딛는 데 걸리는 시간을 단축하는 방법에 관해 이야기해 보자. 흔히 사이드 스텝을 할 때는 낮은 자세를 유지해야 한다고 말한다. 이것은 올바른 방법일까? 수비력을 비교한 연구 결과를 보면 능력이 뛰어난 선수는 몸의 중심 위치가 낮았다고 한다.

낮은 자세를 유지하는 것은 다리를 벌리고 구부린 자세를 취하는 것이다. 그 상태로 옆으로 움직일 준비가 되어 있으면 나머지는 지면을 박차는 쪽의 하체가 펴는 방향으로 힘을 발휘하기만 해도 옆 방향으로 힘이 작용하므로, 빠르게 사이드 스텝을 할 수 있다.

다리가 펴진 상태처럼 신체 중심이 높은 위치에 있는 자세에서 옆으로 움직이려면, 일단 다리를 크게 구부리고 나서 다음 동작으로 옮겨가야 한다. 물론 이 동작의 반동을 이용하는 것이 큰 힘을 발휘할 수 있지만, 이때 시간이 걸리면 실전에서의 농구 동작이 될 수 없다. 시간을 단축하고 최대 속도로 첫 번째 스텝을 내디딜 수 있는 균형 잡힌 자세를 취하는 것이 빠른 사이드 스텝을 만드는 길이다.

빠르게 사이드 스텝을 하려면

1. 스피드와 관련된 근력을 단련한다

- 고관절 신전과 관계있는 근육군
- 슬관절 신전과 관계있는 근육군
- 족관절 저굴과 관계있는 근육군

2. 발휘한 힘을 옆 방향으로 향하게 한다

- 몸의 한쪽 면을 벽에 붙이거나, 옆 방향으로 힘을 더하는 트레이닝을 한다.

3. 몸의 중심을 낮게 유지한다

- 다리를 벌리고 구부린 자세를 취한다.

시간을 단축하고 첫 번째 스텝의 속도를 최대화할 수 있도록 균형 잡힌 자세를 취하는 것이 중요하다.

04 높이 점프할 수 있는 농구 선수는

지면에서 뛰어오를 때의 속도가 점프 높이를 좌우한다

머리보다 높은 곳에 수평 상태로 있는 골대 안으로 공을 던져 넣는 농구의 경기 특성을 생각하면, 점프(도약 동작)는 경기 성적에 큰 영향을 주는 동작 중 하나다. 여기서는 점프의 기본 메커니즘부터 농구에 중요한 요소가 무엇인지를 바이오메커니즘 관점에서 살펴보고, '높이 점프할 수 있는 능력'에 관해 생각해보자.

그림1은 반동을 준 수직 점프 동작에서 지면 반작용(지면에 가한 힘에 대한 반작용)의 변화를 보여준다. 점프 메커니즘이란, 간단히 말해 지면에 가해진 힘에 대한 반작용으로 지면을 벗어나는 동작이라 할 수 있다. 지면 반작용은 **그림**1과 같이 변하는데, 최종적으로는 몸이 상승하는 상황(정확하게는 그림의 A, B)에서 얼마나 큰 힘을 얻을 수 있는가에 의해 지면을 벗어날 때의 초속이 좌우된다. 그리고 체공 상태에서 물리 법칙에 따라 올라갔다가 내려온다. 여기서 중요한 것은 지면을 벗어날 때의 속도가 빠를수록 도약 높이가 높아진다는 것이다.

이 책을 읽고 있는 선수와 지도자들은 훈련을 할 때 세세한 동작 기술이나 특수한 훈련 방법을 연구하기보다 먼저 점프력을 기르기 바란다. 그러려면 힘의 면적(충격량)을 크게 해야 한다는 점을 이해해야 한다. 이를 이해하게 되면, 점프력을 기르기 위해 지면에 큰 힘을 가하는 데 필요한 근력 훈련이 왜 중요한지를 느낄 수 있을 것이다.

그림1 반동을 주는 수직 점프 시 바닥의 반작용 (수직 성분)

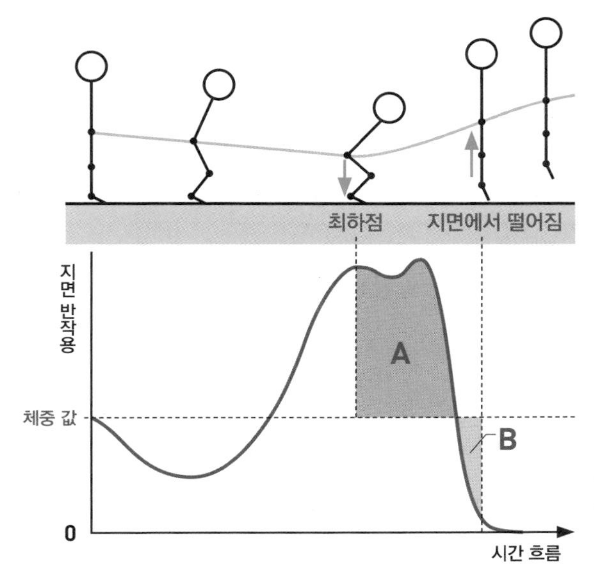

상승 국면에서 체중을 넘어서는 힘(정확히는 A–B)의 크기가 도약 높이를 결정한다.

상황에 맞춰 점프하려면

농구에서 높이뿐만 아니라 빠르기가 중요하다는 것도 훌륭한 점프의 특징 중 하나다. 40쪽의 **그림**2는 여러 점프 동작의 자세 변화와 지면 반발력을 그림으로 나타낸 것이다.

A는 반동을 준 '카운터 무브먼트(대항 행동)'라 부르는 점프다. B는 '스쿼트 점프'라고 하며, 반동을 사용하지 않는 만큼 A 점프보다 도약 높이는 줄어들지만 동작 시간은 짧아진다. 블록 아웃 후 리바운드 다툼을 할 때 이와 비슷한 식으로 점프한다. C는 내려오고 나서 착지 후 바로 점프하는 높고 빠른 점프이며, '리바운드 점프'라고 부른다. 팁 리바운드에서 연속 점프할 때 볼 수 있는 동작이다. C 점프에서 주목할 부분은 자세 변화

그림2 여러 가지 점프와 지면 반작용 (수직 성분)

A 반동을 준 점프

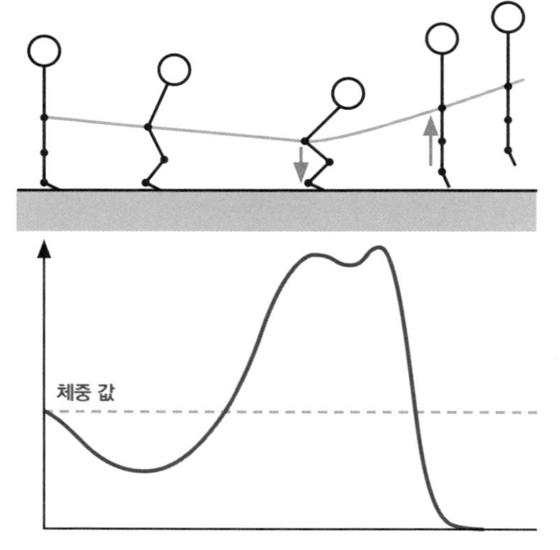

B 반동 없는 점프

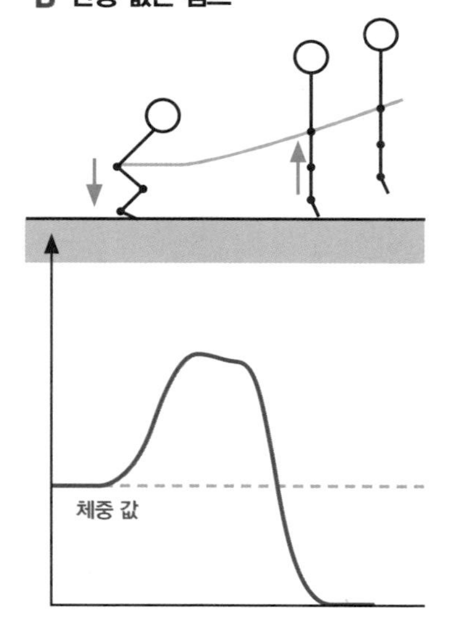

C 착지 후 점프

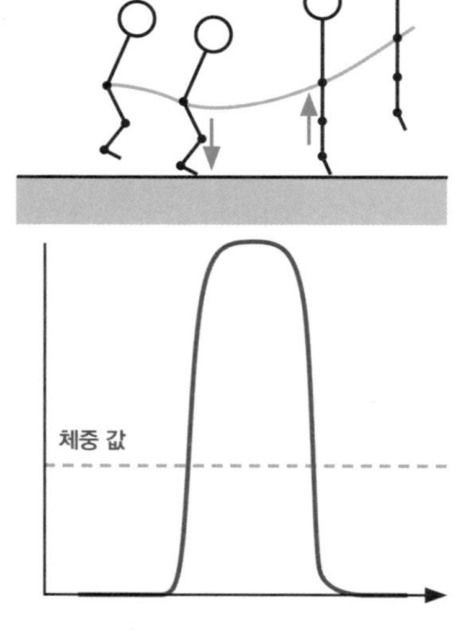

높이와 속도의 우선순위에 따라 동작이 크게 달라진다.

가 매우 적고, 접지 후 웅크리는 상황에서 큰 바닥 반작용을 얻는다는 것이다. 이 점프에서는 근력뿐만 아니라 아킬레스건 등을 어떻게 사용하는가에 따라 에너지를 효율적으로 사용할 수 있다.

이처럼 점프는 높이와 속도 중 어떤 것을 우선하는지에 따라 동작이 크게 달라진다. 이런 내용을 이해한다면 각 점프에 필요한 훈련과 동작 연습, 적절한 상황이 무엇인지 알 수 있을 것이다.

농구에서는 상황에 맞춰 점프 동작을 달리해야 하므로 이런 특성에 주목한 연구도 이루어지고 있다. 예를 들어 육상 선수와 비교한 연구를 보면 농구 선수는 동작을 바꾸고 나서 점프하는 동작이 뛰어난데, 이것은 접지 전 자세 수정과 관계가 있다.

실제 경기에서도 한발 늦게 접지한 후 동작을 수정하는 것이 아니라, 다른 선수와 공을 관찰하고 예측하며 준비를 게을리하지 않는 것이 중요하다. 그리고 이것이 순발력 있는 점프에 필요한 포인트라 할 수 있다.

높이 뛸 수 있는 선수가 되려면

지금까지 농구에서 높이 뛸 수 있는 능력에 관해 살펴본 결과, 높이, 빠르기, 순발력이 종합적으로 필요하다는 것을 알 수 있었다.

선수의 점프 능력을 평가할 때 단순히 높이 뛸 수 있다, 없다라는 것으로 판단하지 말고, 점프 동작 안에서 구체적으로 어떤 부분이 뛰어난지(또는 부족한지)를 구체적으로 분석해야 한다. 이때 인간의 눈으로 운동을 객관적으로 분석하는 데에는 한계가 있으므로, 정확하게 평가하려면 근력 트레이너와 바이오메카닉스 연구자 등 전문가에게 의뢰하는 방법을 추천한다. 이를 통해 점프력뿐만 아니라 운동 능력 전체를 파악하고, 그에 따라 효과적인 훈련 계획을 세울 수 있을 것이다.

빠르기를 무기로 하려면

빠르게 달린다는 것은 스피드가 높다는 것

스포츠에서 운동 수행에 큰 영향을 미치는 체력 요소 중 하나가 스피드, 즉 빨리 달릴 수 있는 능력이다. 아마 거의 모든 팀의 훈련 과정에 달리기 연습을 도입하고 있을 것이다. 여기서는 훈련할 때 도움이 되는 '빨리 달리기'에 관해 알아본다.

스피드 = 보폭(스트라이드) × 다리 회전수(피치)

빨리 달린다는 것은 스피드가 높다는 것이다. 스피드(빠르기)란 '거리(m)÷시간(s)'으로 측정하며, 방향과 관계없이 일정한 시간 안에 얼마나 이동했는지를 나타낸다.

체력 테스트에서 시행하는 20m 달리기와 50m 달리기는 그 거리를 몇 초에 달렸는지를 측정하는데, '멀티 스테이지'와 '레인 어질리티', '프로 어질리티' 등 전환 동작이 있더라도 빠르기에 관한 개념은 동일하다. 스피드는 달리는 보폭(스트라이드)×다리 회전수(피치)로 정해지며, 훈련을 통해 양쪽 모두 균형 있게 높이는 것이 중요하다.

스트라이드와 피치를 살펴보자. 출발할 때 초속을 크게 하려면 스트라이드보다 피치가 중요하며, 최대 속도를 내는 가속 상황에서는 피치보다 스트라이드가 중요한 경향이 있다. 하지만 최대 속도로 달렸을 때 피치와 스트라이드 중 어느 쪽이 우세한지는 개인에 따라 달라진다.

또한 접지 시간이 0.2초 이하라는 사실을 고려했을 때, 피치나 스트라이드를 높이는 것은 양발이 지면에서 떨어지는 체공 시간과 관계가 크다고 할 수 있다. 그러므로 체공 시간을 늘리기 위해서는 지면을 힘차게 딛는 데 필요한 대전근과 햄스트링을 단련해야 한다. 또한 다리를 앞쪽으로 원활하게 움직이기 위해 장요근 등도 단련하는 게 좋다.

피치는 1초에 4회면 충분하다

질주할 때의 피치와 스트라이드에 관해 좀 더 상세히 살펴보자.

스트라이드는 남녀의 키 성장이 느려지는 14~16세에 질주 속도와 함께 증가하고 그 후에는 정체되거나 저하되는 경향이 있다. 하지만 더 빨리 달

달리는 스피드는 보폭(스트라이드) × 다리 회전(피치)이 결정한다.

리고 싶다면 키보다도 스트라이드를 길게 만들어야 하므로, 그에 맞는 훈련을 해야 한다. 예를 들어 신장 180cm인 사람이 100m를 달릴 때 스트라이드가 2.37m라면 10초가 소요되며, 2.22m라면 11초가 소요된다.

표1 세계 최정상급 선수의 체형과 질주 시간·스트라이드·피치

	A 선수	B 선수	C 선수	고등학생 평균 (17세 남자)
신장	196cm	186cm	176cm	170.5cm
체중	92kg	80kg	66kg	61.9kg
100m 기록	9초58	10초08	10초07	14초70
스트라이드	2.43m	2.08m	2.11m	1.89m
피치	4.28회 / 초	4.76회 / 초	4.71회 / 초	3.49회 / 초

좀 더 상세하게 설명하겠다.

신장이 160cm이며 50m 달리기가 7초3(중학교 3학년 남자의 평균은 7초대)이라면, 피치는 ① 50m÷1.6m/걸음≒31.3으로 걸음 수를 구하고 ② 31.3걸음÷7초3 = 4.3회/초이다.

달리기는 주기적인 연속 운동이라서 걷기와는 달리 양발이 동시에 몸을 지탱하는 순간이 없다. 즉, 공중에 떠 있는 시간이 있다는 것이다.

일반적으로 달리기 연습을 할 때에는 단거리와 장거리 달리기로 구분하지 말고 훈련하는 것이 더 간단하고 효율적일 것이다.

표 2 달리기 훈련의 포인트

좋은 자세	'차렷' 자세는 등을 곧게 하고, 가슴을 펴고, 턱을 당기며, 바로 앞을 바라보는 것이다. 귓불에서 바깥 복사뼈까지 올곧게 지면에 수직이면서 다리, 허리, 가슴으로 가장 무거운 머리를 지탱하는 모습이다. 시선을 높게 유지하며, 진행하고 싶은 방향을 바라본다.
좋은 접지	지면을 힘차게 밟을 것. 질주가 빨라질수록 접지 시간은 짧아진다. 그러므로 이미지는 단단한 공(골프공이나 탱탱볼)이 튕기는 수준이며(초등학생의 50m 달리기에서도 0.1초대 중반부터 후반, 최정상급은 0.1초 정도이며 가벼운 달리기라도 0.2초 정도) 접지하는 동작은 종이컵을 바로 위에서 짓밟는 느낌이다. 접지를 지나치게 서두르거나 강하게 하면 공기가 빠져서 찌그러진 공처럼 찌그러진 접지가 되므로 주의하자. 브레이크가 없는 매끄러운 이동을 실현하는 것이 목적이다. 나쁜 동작의 대표적인 예로는 ① 발뒤꿈치만 접지 ② 발가락 끝으로 찌르는 듯 접지 ③ 동작이 제각각인 접지(극단적인 동작을 지나치게 강조함) ④ 바깥쪽(새끼발가락 쪽) 접지 등이 있다. 짧은 접지 감각을 만들려면 SSC계열 트레이닝이 효과적이다. 동작을 연결하려면, 허벅지 올리기와 빨리 걷기 등을 한다.
좋은 리듬	오른발 접지부터 왼발 접지까지를 '한 걸음' 또는 '스트라이드'라고 하며, 같은 발이 접지하고 다시 접지할 때까지를 '1 사이클'이라 한다. 우선 의식해야 할 것은 1사이클의 리듬(우・우・우・・)을 접지할 때 취하면, 발을 옮기는 방법과 발의 흐름을 바로잡을 수 있다. 두 번째로 의식할 것은 한 걸음 동작에서(우・좌・우・좌・・) 취하면 첫발 접지 시에 다른 쪽 다리를 스윙하는 타이밍(무릎이 다른 쪽 무릎을 앞지르는 것)과 적절한 피치를 익힐 수 있다. 세 번째는 양발이 지면에서 떨어져 있는 시간에 타이밍을 취하는 방법이며, 힘주지 않고 다이내믹한 동작을 만들 수 있다.
몸통이 이동하는 이미지	몸통은 머리 · 팔 · 발 · 다리를 제외한 동체 부분이라는 의미다. 단거리와 장거리에서는 에너지 공급계가 다르지만, 최대 스피드에 대해 몇 %의 힘으로 효율적으로 이동하는지가 훈련에서는 중요하다. 그러므로 달릴 때 몸통이 이동하는 이미지를 의식하면서 자세, 접지, 리듬을 조절할 수 있고, 근력 트레이닝 등과 같은 체력 트레이닝과 융합하여 퍼포먼스 향상으로 이어갈 수 있다.

06 농구에서 방향 전환이란

최고 이동 속도를 내는 두 가지 상황

농구는 28×15m인 비교적 좁은 코트에서 선수들이 복잡하게 뒤섞여 플레이하기 때문에 급정지와 급출발을 동반하는 방향 전환이 많아진다.

한 연구 보고에 따르면, 선수의 최고 이동 속도가 나타나는 상황은 패스트브레이크처럼 '수비에서 공격으로 득점의 기점이 되는 전환'과 슛이 아닌 상황에서 공격이 끝나버리는 턴오버 등에 의한 '공격에서 수비로 전환'

그림1 어질리티 능력에 관한 결정론적 모델 (Young, W.B. et al)

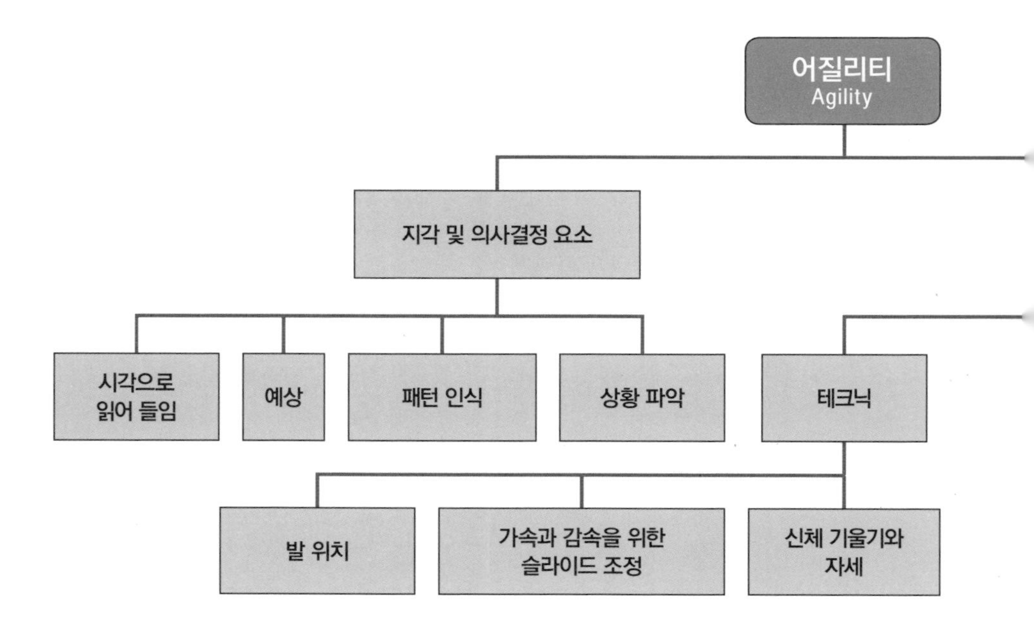

의 두 가지가 있다. 이를 통해 농구에서 방향을 전환하려면 짧은 거리에서 질주하는 능력과 가속, 감속, 방향 전환 빠르기가 필요하다는 것을 알 수 있다.

득점과 실점에 관련되는 중요한 장면에서 많이 나타나는 재빨리 방향을 바꾸는 능력을 흔히 '어질리티Agility'라고 부른다. 어질리티란 '어떤 자극에 응해서 속도와 방향을 바꾸는 재빠른 전신 운동'으로 정의하며, 아래의 **그림**1은 어질리티 능력과 관련된 많은 요소를 정리한 어질리티 퍼포먼스 결정론 모델이다.

이처럼 어질리티는 여러 요소와 관련되어 있지만, 상대 선수와 대치 상태로 시합하는 농구는 '공'과 '상대방의 움직임'이라고 하는 자극에 대한 반응이 전환되는 방향과 각도를 좌우한다. 그리고 그런 장면과 상황은 매우 다양하다.

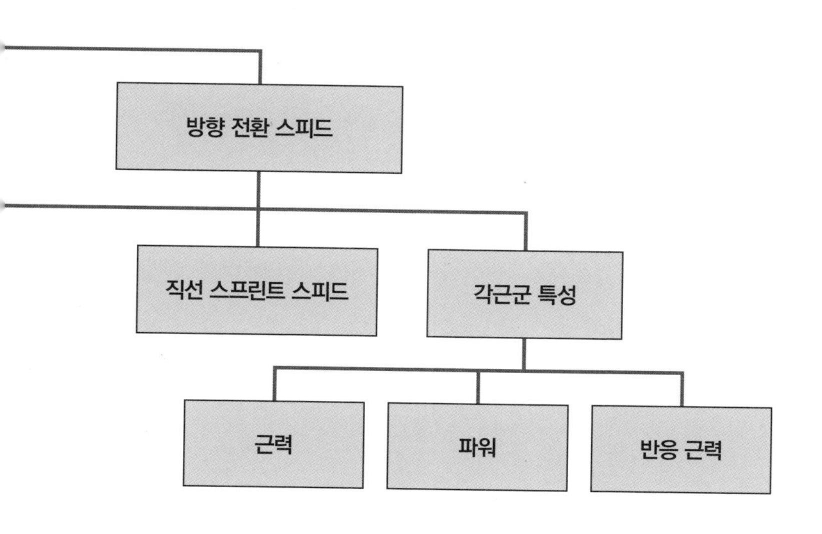

 트레이닝에서도 사용할 수 있는 두 가지 테스트

우선 선수마다 갖고 있는 '방향을 바꾸는 스피드'에 대해 알아보자. 이것은 팀의 연습내용과 트레이닝 방법을 생각할 때 매우 중요한 자료다. 특히 유소년 선수를 지도한다면 각 선수가 가진 능력을 파악해서 각자에게 맞는 무기를 만들어낼 수 있을 것이다.

방향을 바꾸는 스피드, 즉 선수의 달리기 능력과 방향 전환을 동반하는 질주력을 평가하는 테스트로 많이 사용되는 것이 방향 전환 달리기다. 그중 시행 방법이 간단해서 NBA의 드래프트 콤바인에서도 사용하고 있는 프로 어질리티(**그림**2)와 레인 어질리티(**그림**3)를 소개한다.

프로 어질리티는 180도 방향 전환을 2회 시행해서 가속·감속·방향 전환을 간단하게 평가할 수 있는 테스트다. 레인 어질리티는 골대 아래에 있는 직사각형 구역을 이용해서 시행한다. 농구 시합에 더 가까운 동작 중에서 방향 전환 스피드를 평가하는 방법이다.

다만, 선수가 테스트 결과만을 지나치게 신경 써서 테스트하는 동작만 익힌다면 의미가 없어지기 때문에 도입할 때는 충분히 주의해야 한다. 예컨대 체력 훈련처럼 달리기 프로그램이 많은 트레이닝 전후나 시합에서 최고의 퍼포먼스를 낼 수 있는 상태를 파악하기 위해 시합 전에 시행하는 것과 같이 선수의 성장 지표로 활용하는 것이 좋다.

또한 이 테스트들은 직선 달리기와 사이드 스텝의 기록 향상에 도움이 된다는 연구 보고도 있다. 그러므로 선수의 능력 평가뿐만 아니라 일상적인 훈련에서도 활용할 수 있다.

그림2 프로 어질리티

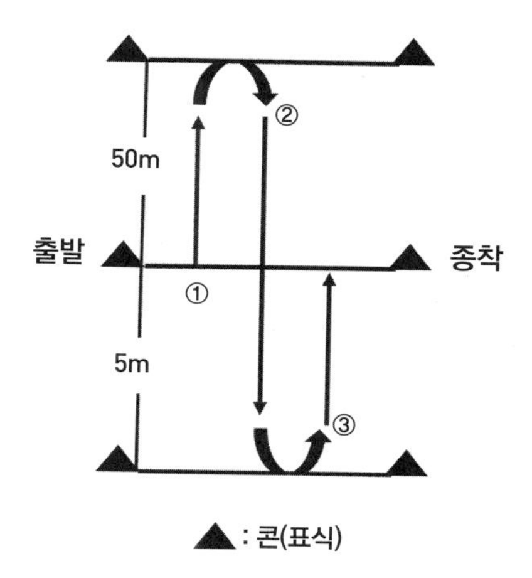

그림3 레인 어질리티

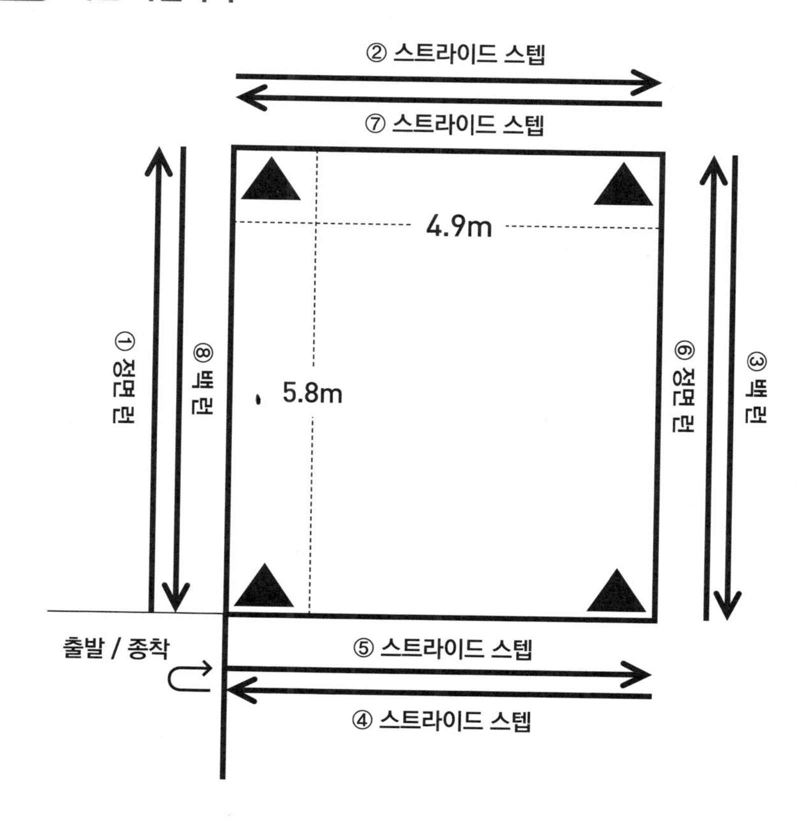

체격의 핸디캡이 절대적인 것은 아니다

양손 슛이 당연하던 시대가 있었다

농구계에는 '동양인은 몸집이 작으니까', 혹은 '미국 NBA 선수처럼 높이 점프할 수 없으니까' 등과 같이 체격 차이를 이유로 해외 기술을 적극적으로 받아들이지 않는 태도가 아직 남아있다. 하지만 그런 체격의 핸디캡이라는 것은 의외로 편견에 불과할 수도 있다. 여기에서는 원핸드 슛의 역사와 체격의 핸디캡 문제를 생각해보자.

먼저 농구 종주국인 미국의 경우를 살펴보자. 원핸드 슛은 1930년대 중반에 스탠퍼드 대학교에서 플레이한 행크 루이세티Hank Luisetti를 통해 세상에 널리 알려졌다. 그전까지는 미들슛과 롱슛은 양손으로 쏘는 것이 가장 좋은 슛 기술이라 여겨져 왔고, 대부분 코치는 한 손으로 슛하는 것을 인정하지 않았다.

이런 상식을 깨고 루이세티는 원핸드 슛을 무기로 엄청난 득점을 쌓아갔다. 그러자 그의 기술에 관한 소문이 퍼지기 시작했고, 결국 많은 코치가 원핸드 슛의 유효성에 관심을 보이며 그 기술을 받아들이게 된다.

루이세티의 원핸드 슛은 드리블 후에 러닝 스텝으로 점프해서 공중에서 슛을 쏘는 기술이었다. 아마도 오늘날의 플로터에 가까운 기술로 보인다.

무대를 일본으로 해보자. 미국과 마찬가지로 1910~1930년대 일본에서 미들슛과 롱슛을 쏘는 대표적인 기술은 공을 양손으로 잡고 쏘는 체스트 슛이었다.

양손으로 아래에서 던지는 슛(언더핸드 슛)도 있었지만, 타점이 낮아서

1930~1940년대 일본의 체스트 슛

이상백(1930) 〈농구 지도 이론과 실제〉. 이를 바탕으로 그린 것이다.

수비수에게 블록당하기 쉬워서 자유투를 제외하고는 별로 사용하지 않았다고 한다.

그리고 당시에 골대 아래에서는 원핸드로 슛하는 선수가 있었지만, 골대에서 떨어진 지역에서는 양손으로 슛을 하는 것이 기본이었다. 한 손으로 슛하는 것은 성의 없이 대충하는 기술이라고 간주했다.

이윽고 1935~1945년대에 걸쳐서 체스트 슛보다 빠른 동작으로 높은 타점에서 슛할 수 있는 원핸드 슛의 장점이 입소문으로 퍼져나가기 시작했다. 하지만 미국에서 태어난 이 새로운 기술을 미국인보다 체격과 손이 작고 근력도 뒤지는 아시아인이 습득할 수 있을 리가 없다고 생각했기 때문에 당시에는 적극적으로 도입하지 않았다.

하와이 2세 팀이 일본의 슛 기술을 바꿨다!?

하지만, 어떤 사건을 계기로 상황이 급변하게 된다.

1950년에 하와이의 일본인 2세 선발팀이 일본을 방문했다. 하와이 팀 선수들은 마치 등에 눈이 달린 것처럼 화려한 드리블을 선보이며 일본 농구 관계자들을 당황하게 했다. 하지만 더욱 놀란 것은 미국인과 마찬가지로 그들 모두 정교한 원핸드 슛을 사용해서 빠른 동작으로 잇달아 슛을 성공시킨 것이었다.

비슷한 체격을 가진 선수들이 원핸드 슛을 쏘는 것을 보고, 농구인들은 자신들도 이 기술을 익힐 수 있다는 것을 처음 알게 되었다. 원핸드 슛은 몸이 큰 서구인의 전유물이 아니라 체격이 작은 사람도 누구나 연습하면 익힐 수 있는 기술이었던 것이다.

그 후 일본에서는 남자 선수를 중심으로 원핸드 슛이 널리 보급되었다. 이처럼 아시아인과 원핸드 슛의 사례를 보면 체격적인 핸디캡은 단순한 선입견에 지나지 않는다는 것을 알 수 있다.

농구 선배들이 우리에게 가르쳐준 것은 코치와 선수의 머릿속을 지배하는 선입견의 무서움이다. 많은 여자 선수가 아직도 양손으로 슛을 하는 것도 이런 영향일 수도 있다. 물론 유행에 좌우되지 않고 자신의 신체 조건에 맞는 기술을 선택하는 것도 중요하지만, 그에 앞서 일단 해보자는 마음가짐과 대담한 도전 정신이 필요하다.

1950년대 후반~1960년대 중반까지 일본의 원핸드 슛
아오이 미즈키(1959) 농구. 〈베이스볼 매거진사〉를 바탕으로 그린 것이다.

08 농구에서 키가 클수록 유리하다고 하는 이유

 키가 큰 선수의 이점은 체공 시간에도 있다

농구 경기의 특성상 큰 키와 긴 팔이 유리하게 작용하는 상황이 많다는 것은 누구나 알고 있을 것이다. 하지만 왜 그런지에 대해 얼마나 깊이 이해하고 있을까? 막연하게 키가 큰 쪽이 유리하다고 생각할 뿐 그 이유까지 깊게 생각해본 적은 거의 없을 것이다.

그림1 도약 높이와 체공 시간

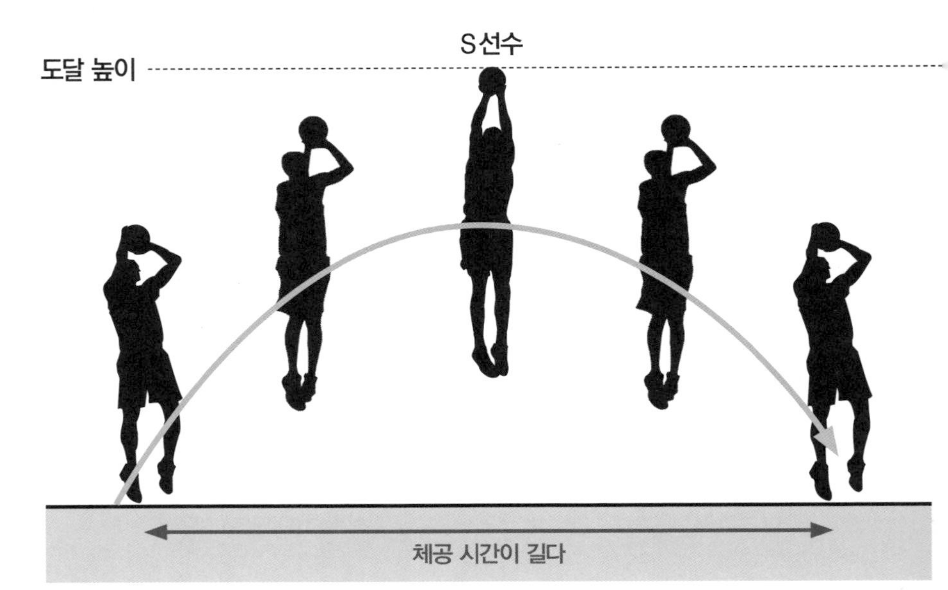

농구는 머리 위의 수평 골대에 공을 던져 넣는다는 경기의 특성 때문에 (점프하지 않은 상태라면) 골대에 가까운 위치에서 손을 사용하는 키가 크거나 팔이 긴 선수가 당연히 유리하다고 생각할 수 있다. 다른 한편으로 키가 크다는 것은 점프력과 같은 운동 능력에서는 불리하게 작용하기도 한다. 몸의 구성이 같다면 키가 클수록 체중당 근력이 작아지는 경향이 있다(60쪽의 '스케일 효과' 참조).

예컨대 최고 도달점이 같은 점프를 할 수 있는 키가 큰 선수(Tall: T선수)와 키가 작은 선수(Small: S선수)가 있다고 하자. 과연 T선수의 유리함은 완전히 사라지는 것일까? 여기서 주목할 부분은 점프의 체공 시간이다. 도약 높이는 체공 시간의 제곱에 비례한다. 즉, 도달 높이가 같다면 높게 점

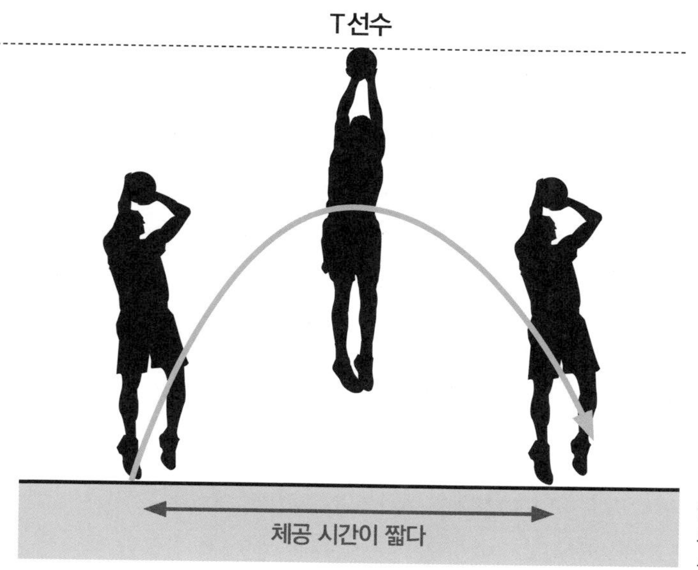

같은 높이의 점프라도 도약 높이에 따라 체공 시간이 달라진다.

그림2 접지 상태와 체공 상태 비교

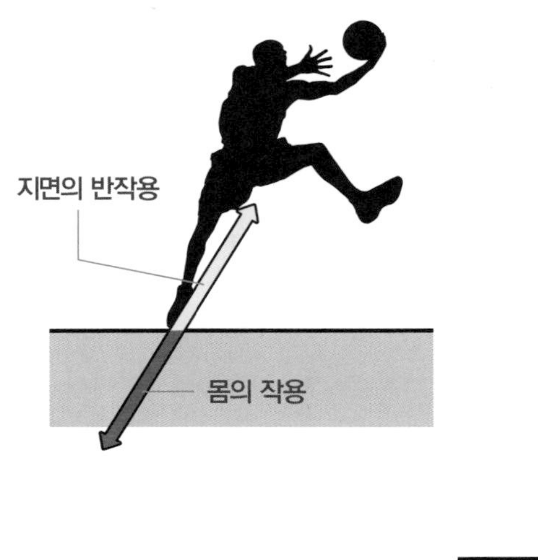

체공 상태에서는 지면의 반작용을 받을 수 없으므로, 신체 전체의 운동을 변화시킬 수 없다.

체공 상태에서는
반작용을 받을 수 없다

프해야 하는 S선수가 T선수보다 체공 시간이 길어진다(**그림**1).

체공 시간, 다시 말해 발이 지면에 닿지 않은 시간은 농구 경기 특성상 매우 큰 의미가 있다. 원래 운동이란 지면 등의 외부에 가한 힘의 반발력으로 발생한다(**그림**2). 체공 중에는 기본적으로 외부에 힘을 가할 수 없다(다른 선수와 접촉하는 경우는 제외). 그러므로 일단 점프하면 공중에서 팔다리를 움직인다 해도 착지해서 외부에 힘을 가할 수 있게 될 때까지는 몸 전체의 운동 방향을 바꿀 수 없다. 이처럼 체공 상태는 운동을 변경할 수 없다는 점에서는 약점인 상태다.

여기서 T선수와 S선수가 골대 근처에서 매치업한 상황을 생각해보자(**그림**3). T선수의 슛을 S선수가 최고점에서 블록 슛하려면, 앞에서 언급한 이

그림3 **신장 차이가 있지만 도달 높이가 같은 선수의 매치업**

A S선수가 공격, T선수가 수비인 경우

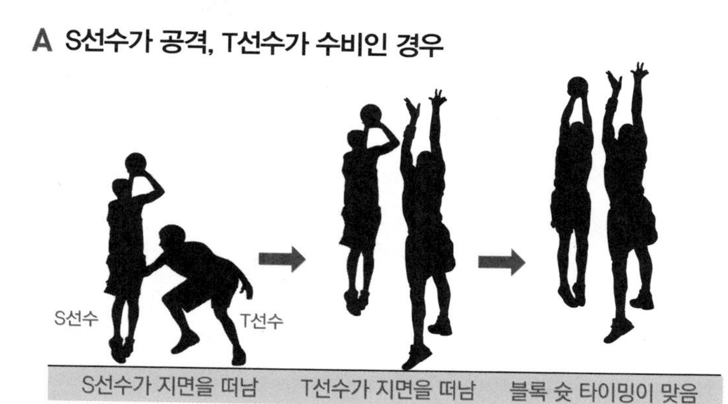

B T선수가 공격, S선수가 수비인 경우

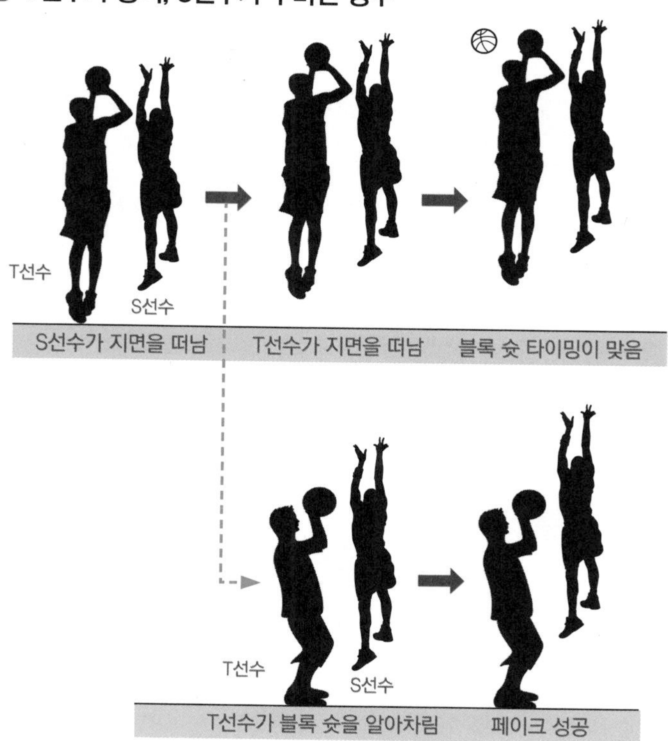

유로 T선수보다 빨리 '지면'을 떠나야 한다(그림3-B). 만일 T선수가 S선수의 점프를 알아차리면, 그 슛을 페이크로 바꿔서 유유히 골을 노릴 수 있다. 반대로 S선수가 슛을 한다면 T선수는 먼저 점프할 필요가 없다. 오히려 늦게 점프해도 블록 슛에 성공할 가능성이 있다(그림3-A). 이처럼 체공 시간을 '운동을 변경할 수 없다는 위험이 있는 상태'라고 한다면, 큰 키는 같은 높이에서 경합할 때의 리스크를 낮춰준다고 할 수 있다.

큰 키가 절대적으로 유리한 것은 아니다

물론 키가 큰 선수에게도 약점은 있다. 앞서 소개한 스케일 효과에 의해 점프 동작 자체에 시간이 걸리는 경향이 있다. 또한 도약 높이가 낮아지면 그에 따라 공의 위치 변동도 적어지므로 블록당하기 쉬워지며, 체공 시간이 감소하기 때문에 더블클러치와 같은 공중 자세를 바꾸기가 어려워지기도 한다.

이처럼 키가 큰 것은 분명히 농구에서 좋은 무기가 되지만, 그렇다고 해서 절대적으로 유리한 것은 아니다. 농구에서 큰 키가 무기가 되는 이유를 과학적으로 이해하고, 자신의 체형 특성을 살리기 위한 전략을 세워 트레이닝하는 것이 필요하다.

09 키가 작은 선수가 유리한 점은

 키가 크다고 해서 점프력이 좋은 게 아니다

농구는 시합이 끝난 시점에서 점수가 많은 팀이 이기는 스포츠다. 득점하려면 3.05m 높이에 설치된 림에 공을 통과시켜야 하므로, 마찬가지로 득점을 겨루는 축구나 야구 같은 팀 스포츠와 달리 '높이'와 직접 관련된 스포츠라 할 수 있다.

키가 큰 선수는 정지 상태에서 팔을 올렸을 때 도달점이 높아지므로 큰 이점을 가진다고 할 수 있다. 하지만 점프했을 때의 최고 도달점은 키가 큰 선수가 반드시 더 높은 것은 아니다. 키가 작은 선수라도 키가 큰 선수보다 더 높게 점프할 수 있다면 결과적으로 더 높은 위치에 도달할 수 있으므로, 정지 상태에서 신장 차이로 인해 불리한 점을 극복할 수 있다.

그렇다고 하면 '키가 큰 선수가 높은 점프력을 익히면 되지 않을까?'라고 생각할 수도 있다. 하지만 키가 큰 선수가 키가 작은 선수와 같은 정도로 점프하려면 상당한 노력이 필요하다.

좀 더 상세하게 설명해보겠다. 먼저 위쪽으로 점프하는 원리를 생각해보자. 위로 뛰려면 하체의 세 관절(고관절, 슬관절, 족관절)을 굽히고 펴는 동작을 할 때, 신전근군이 각 관절에 힘을 발휘해서 지면을 아래쪽으로 밀어내야 한다. 그리고 그 반작용(※1)으로 지면의 반발력이 몸에 작용하므로 위쪽으로 가속할 수 있다.

몸에 작용하는 지면의 반발력이 클수록 얻을 수 있는 가속도가 커지므로(※2), 하체의 신전근군이 큰 힘을 발휘할 수 있다면 더 높게 점프할 수

※1 뉴턴의 운동 법칙: 작용-반작용의 법칙

※2 뉴턴의 운동 법칙: 가속도의 법칙

있다. 이에 대한 근거로 스쿼트의 최대 거상 중량이 클수록 도약 높이가 높다는 연구 결과가 있다.

물론 도약 높이에는 점프 자체의 기술도 영향을 주므로 하체 근력만으로 도약 높이가 결정되는 것은 아니지만, 하체 근력이 강할수록 높게 도약할 가능성이 높아진다고 할 수 있다.

몸이 커지면 필요한 근력도 커진다

여기서 키가 다른 두 선수가 있다고 해보자. 실제 사람의 몸은 정육면체가 아니며 두 선수의 형태도 다르지만, 쉬운 이해를 위해 선수를 정육면체라고 생각하고 예를 들어 보겠다(61쪽 **그림**1).

작은 A선수의 키가 1, 큰 B선수의 키를 2라고 가정하자. 즉, B선수의 키는 A선수의 두 배가 된다. 물론 상대하는 선수의 키가 두 배가 되는 일은 없겠지만, 여기서는 계산을 간단하게 하기 위해 이렇게 가정한다.

이때 부피를 보면, 키가 두 배인 것과는 달리 A선수의 부피는 1, B선수의 부피는 8로 여덟 배가 된다. 이것을 '스케일 효과'라고 한다.

무게도 부피에 비례해서 여덟 배라고 한다면, A선수와 B선수가 같은 도약 높이를 얻으려면 B선수는 A선수의 여덟 배나 되는 에너지가 필요하다. 그러므로 키가 큰 선수가 높은 점프력을 익히기가 쉽지 않은 것이다.

단순히 정육면체의 단면적으로 생각해본다면, 몸길이가 두 배가 되면 단면적도 네 배가 되므로 여덟 배나 되는 에너지를 생성할 수 있을 것도 같다. 키가 두 배, 체중이 여덟 배라는 상황은 비현실적이지만, 키가 1.25배(160cm와 200cm)라면 1.25의 제곱≒1.56배의 근횡단면적이 필요하다. 즉, 키가 크고 몸도 큰 선수가 키가 작은 선수와 같은 정도의 도약 높이를 얻으려면, 그만큼 큰 힘을 발휘할 수 있는 트레이닝이 필요하다.

생각하기에 따라서는 이것이 키가 작은 선수에게 약간 유리한 점이라 할 수 있을 것이다.

그림1 몸 크기가 다른 두 선수의 도약 높이 비교

10 높이가 열세라면 속공이 최고의 전술일까?

 올림픽에서 완전히 실패한 일본의 속공 전술

키가 큰 선수가 없는 팀에서는 더 빨리 뛰는 전술을 선택하는 경우가 많다. 높이로 우위를 점할 수 없는 만큼 빠르기로 승부한다는 것은 분명히 설득력 있어 보인다. 하지만 이런 생각이 농구의 모든 상황에 효과적인 것은 아니다.

예전의 일본 남자 국가대표팀에서도 로마올림픽(1960년)까지는 키가 큰 외국 팀에 대항하는 제일 나은 방법은 속공이라 믿어왔다. 로마올림픽에서 일본 팀은 올코트 프레싱을 하면서 공을 잡으면 빠르게 달리는 전술을 채택했다.

그렇지만 로마올림픽에서 일본은 전패(15위)하며 속공 작전은 완전히 실패했다. 금메달을 딴 미국과의 시합 결과는 66대125로, 거의 더블스코어 완패였다. 일본의 최종성적은 16팀 중 15위지만, 16위 불가리아는 도중에 기권했기에 사실상 최하위였다.

4년 후에 열리는 도쿄올림픽(1964년)을 위해 농구 대표팀은 어려운 상황에 놓이게 되었다. 그러던 중 대표팀 감독으로 발탁된 요시이 시로는 높이의 열세를 극복하기 위해 '키가 작으면 속공'이라는 전통적인 전략을 선택한 것에 국제대회의 패인이 숨어있다고 생각했다. 그리하여 속공을 고집하는 공격 방침을 재검토하기 시작했다.

요시이 감독이 속공을 주요 전술에서 배제한 것에는 이유가 있었다. 설령 철저하게 속공을 해도 골대 아래에서 기다리는 상대팀 세이프티 맨은 일본 선수보다 키가 크다. 따라서 겨우 속공 기회를 잡아도 좀처럼 골대 아래까지 들어가지 못하고, 확률이 낮은 미들슛을 쏠 수밖에 없다.

또한 일본이 빠른 템포로 공격하면 상대 팀에도 마찬가지로 속공 기회를 주는 상황이 늘어나게 된다. 작은 세이프티 맨을 앞에 두고 상대 팀 선수는 골대 아래에서 쉽게 슛할 수 있는 것이다.

서구 팀과 신장 차이가 컸던 당시에 전통적인 속공 위주 전술은 국내와 아시아 팀에게는 통해도 국제무대에서는 효율이 떨어지는 전략이었다.

느린 템포 공격으로 세계 수준에 접근하다

로마올림픽 스코어를 자세히 분석한 요시이 감독은 패배의 원인이 신장 차이뿐만 아니라, 외국 팀과의 필드골 성공률 차이에 있다는 결론을 내렸다. 3점슛이 없던 시절, 효율적으로 공격하려면 가능한 한 골대 근처에서 슛을 해야 했다. 그런데 골대 아래에는 거의 2m 신장의 외국 선수가 이미 자리잡고 있었다.

회의 중인 요시이 감독과 선수들

일본체육협회 편찬(1965) 제18회 올림픽 경기대회 보고서. 일본체육협회 이러한 상황을 극복하기 위해 요시이 감독은 시행착오를 거듭하여 마침내 팀에 맞는 포메이션 플레이를 고안했다(64쪽 그림은 기본 패턴). 시간을 써서 스크린과 패스로 상대를 흔들고, 골대 근처에서 슛 기회를 만드는 것이 기본 전략이었다. 속공이 아니라 오히려 시간을 들여서 패스를 연결해 가는 방식으로, 이제까지의 일본 대표팀과는 다른 조직적인 공격법이었다.

그렇다고 해서 속공을 전혀 사용하지 않은 것은 아니다. 요시이 감독은 선수들에게 기회가 있으면 속공을 노리도록 지시했다고 한다. 다만, 대표팀에는 속공만 고집하지 않고 느린 템포의 공격을 섞어서 게임을 조절하는 유연한 방식을 택했다.

수비에 관한 고민도 있었다. 도쿄올림픽을 준비하기 위해 미국인 코치의 도움을 받아 여러 종류의 압박 수비를 준비했다. 상대의 공을 뺏으려고 모험하는 것이 아니라 끈질기게 수비해서 간단히 슛 기회를 주지 않고 시간을 낭비하게 하는 것이 목적이었다. 그렇게 하면 상대 팀은 슈팅 클락을 신경 쓰게 되고, 여의치 않은 상태에서 슛을 쏘게 되면 당연히 슛 성공률

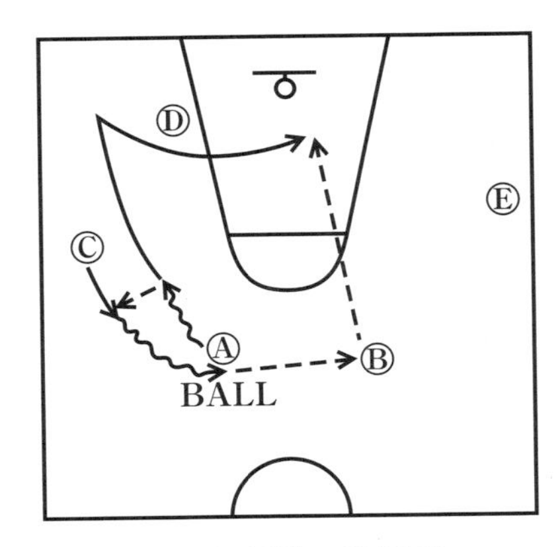

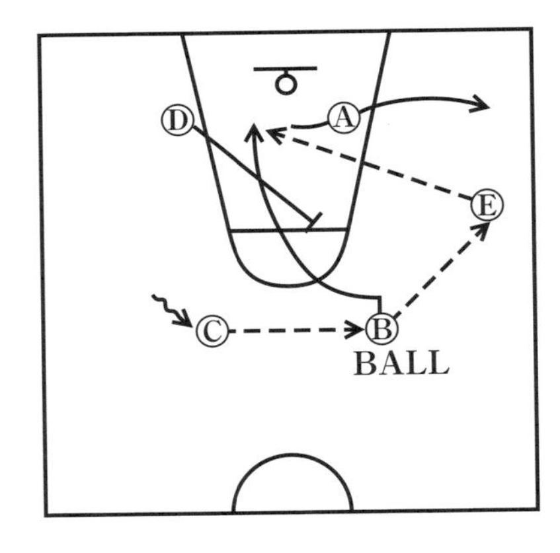

도쿄올림픽에서 채택한 포메이션 예

요시이 시로(1987) 농구 지도 전집2: 기본 전법에 의한 공격과 방어. 다이슈칸쇼텐

은 낮아지기 때문이다.

이렇게 해서 맞이한 도쿄올림픽에서 홈팬들의 성원에 힘입은 일본 대표팀은 속공에 의지하지 않는 느린 템포 공격과 압박 수비를 무기로 과감하게 도전하여 4승 5패로 10위를 차지했다. 목표로 했던 입상(6위)을 하지는 못했지만, 로마올림픽 결과와 비교하면 대약진이라 할 수 있다.

이렇게 역사적인 상황을 되짚어 보아도 키가 작을수록 더 많이 뛰어야 한다는 전략은 아무래도 모든 상황에 해당하는 만병통치약은 아닌 것으로 보인다. 이처럼 기존 이론을 무조건 그대로 따라 하지 말고, 명확한 근거가 있다면 새로운 방향성을 만들어내려는 자세가 지도자에게 중요함을 잊지 말자.

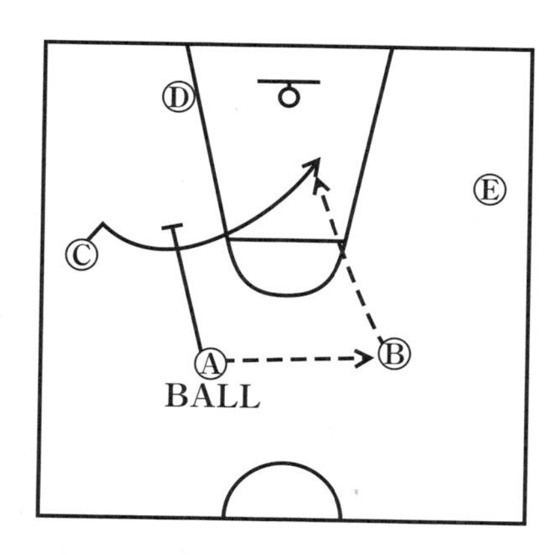

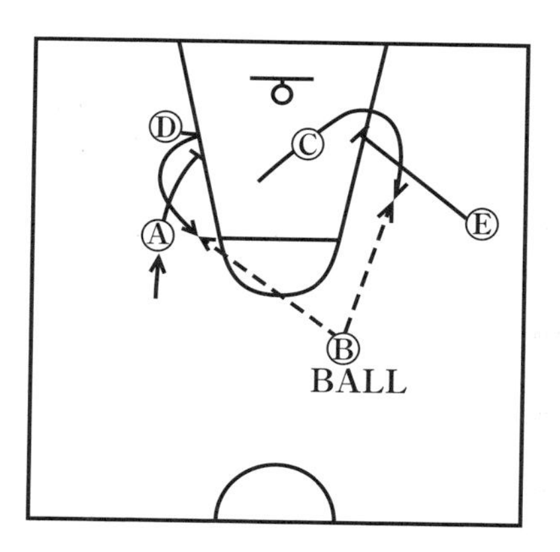

농구 이야기 ②

농구와 관련된 직업의 세계

농구 선수가 아니라도 좋아하는 농구와 관련한 직업을 갖고 싶다고 생각하는 이들도 많을 것이다. 이중 학생들에게 친숙하면서 가장 많이 언급되는 것이 방과 후 코치와 트레이너다.

농구와 관련한 직업은 리그의 행정직과 각 팀의 사무직, 공 제조회사, 아카데미 코치 등 다양하다. 그중 하나가 농구 연구원으로 대학이나 연구소에서 일할 수 있다. 분야에 따라서는 연구 결과가 직접 경기력 향상과 보급, 발전으로 이어질 수 있어 보람 있는 농구 관련 직업 중 하나다.

일반 대중에게 좀 더 친숙한 것으로 농구중계 해설자나 캐스터도 있다. 슬램덩크, 에어볼, 가비지 타임, 노 룩 패스 등 농구인들에게 익숙한 이 단어들은 사실 모두 한 사람에 의해 만들어진 것인데, 바로 미국 NBA LA 레이커스 중계 전담 캐스터였던 칙 헌(Chick Hearn)이다. 그는 1961년부터 40년 넘게 한 팀에서 캐스터로서 3,338경기 연속 중계 기록도 갖고 있다. 그는 수많은 농구용어를 탄생시켰다. 에디 존스, 코비 브라이언트 등으로부터 화려한 덩크가 나올 때면 '슬래애애애앰-덩크'를 외쳤다. 추가로 자유투를 얻어내면 '바스켓 카운트!'라 소리쳤다. 칙 헌은 TV 없이 라디오로만 현장을 중계하던 시절부터 활동했기에 그의 중계를 다시 보면 오늘날의 아나운서, 캐스터보다도 묘사가 더 생생하고 세부적이다.

PART 2

공격의 과학

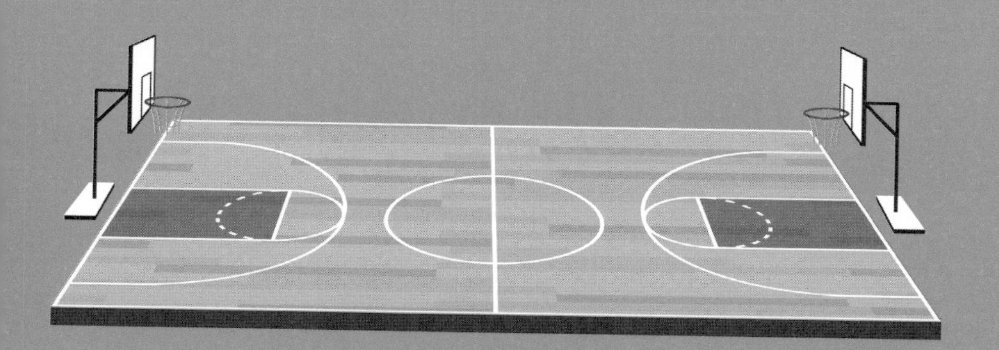

좋은 슛을 던지는 조건은

 이상적인 백스핀은 초당 3회전

농구 경기에서 많은 득점을 올리려면 슛을 쏘는 횟수를 늘리는 것뿐만 아니라 슛 성공률을 높여야 한다. 좋은 슛은 여러 가지로 정의할 수 있겠지만, 여기서는 '성공률이 높은 슛'을 좋은 슛이라 정의한다.

세계 최고 수준인 미국 프로농구 리그를 보더라도 알 수 있듯이, 슛을 쏘는 자세는 선수마다 특징이 크게 다르므로 최적의 자세를 정의하기는 쉽지 않다. 하지만 공의 궤도에 관해서는 물리학적으로 성공률이 높은 공을 던지는 조건을 정의할 수 있다.

여기서는 성공률을 높이는 투사 조건에 관해 과학적으로 가능한 범위에서 설명하겠다.

선수의 손을 떠난 공의 궤도는 떠난 순간의 투사 조건에 의해 정해진다. 이때 투사 조건은 ① 릴리스 속도 ② 릴리스 각도 ③ 릴리스 높이 ④ 회전수(와 방향)을 의미한다.

공의 회전에 관해서는 아직 밝혀지지 않은 것도 많지만, 백스핀을 거는 편이 림과 보드와 충돌 후를 고려했을 때 성공률이 높아진다고 한다. 백스핀 회전수는 초당 3회전 정도가 가장 적당하다고 알려져 있다. 그 이유로는 백스핀이 걸린 상태에서 공이 보드와 충돌하면, **그림**1과 같은 힘이 보드에 가해져서 스핀이 걸리지 않은 상태보다도 충돌 후의 궤도가 림을 향하기 쉬워지기 때문이다.

또한 공중에서의 궤도도 공에 회전이 걸리면 양력을 받아서 잘 떨어지

그림1 공 회전에 의한 궤도 변화

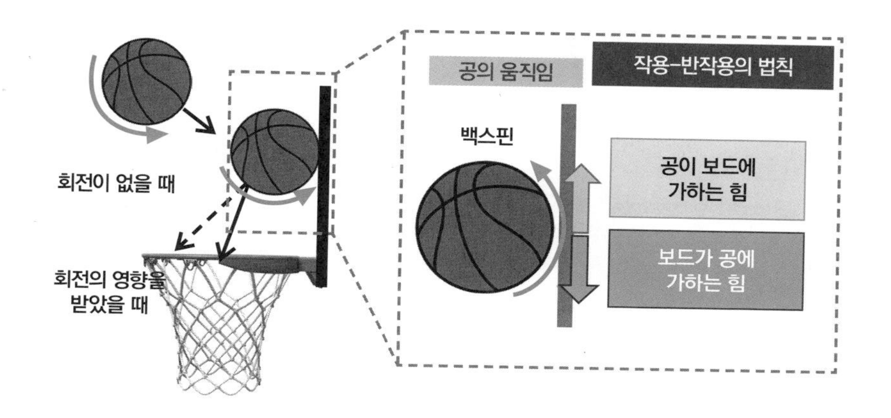

지 않는다고 한다.

어느 쪽이든 슛의 성공률을 높이기 위해서는 백스핀을 거는 것이 효과적이라는 데에는 이견이 없다고 할 수 있다.

높은 위치에서 슛을 쏘는 것이 유리하다

다음으로 릴리스 속도와 릴리스 각도, 그리고 릴리스 높이에 관해 알아보자. 슛의 거리와 릴리스 높이가 바뀌면 최적의 릴리스 각도와 릴리스 속도도 바뀌므로, 일률적으로 최적의 각도를 정의할 수는 없다.

따라서 모든 선수에게 어떤 일정한 각도를 목표로 해서 슛을 쏘도록 지도하는 것은 이상적인 방법이 아니다. 특히 릴리스 높이는 선수의 신장에 따라 크게 달라지므로 주의해야 한다.

선수의 평균적인 릴리스 높이와 슛 거리를 정할 수 있다면 최적의 릴리

그림2 릴리스 속도, 릴리스 각도, 릴리스 높이 선택

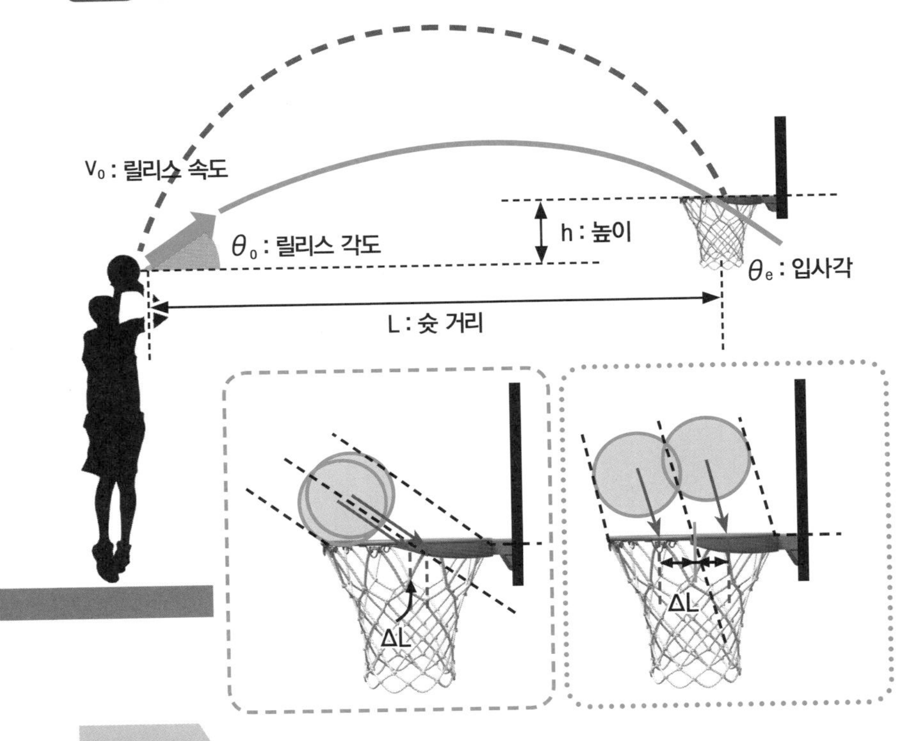

해설

입사각도는 릴리스 각도, 슛 거리, 릴리스 높이, 림까지의 거리를 통해 구할 수 있다(※1). 입사각도가 큰 편이 슛이 들어가는 궤도 범위(ΔL)가 넓어지므로, 입사각도를 크게 하는 것(= 투사 속도를 크게 하는 것)은 슛 성공률을 높이는 데 중요한 요소 중 하나다. 하지만 입사각도를 크게 하면 그와 함께 릴리스 속도도 커져야 하므로, 결과적으로 재현성이 떨어질 가능성이 있다. 한 연구에서는 그런 점을 고려해서 최적의 투사각도(※2)를 제안했다.

그리고 릴리스 높이가 높아지면 림까지의 거리(h)가 짧아지므로, 최소 스피드 각도를 작게 억제할 수 있다는 것을 알 수 있다.

※ 1 $\theta_e = \arctan(\tan\theta_0 - \frac{2h}{L})$

※ 2 minimum-speed angle θ_{0m} (최소 스피드 각도) $\theta_{0m} = 45° + \frac{1}{2}\arctan(\frac{h}{L})$

스 각도를 대략적으로 계산할 수 있다(**그림**2).

그리고 선수의 슈팅 시 투사 조건을 반복해서 정확하게 측정할 수 있다면 최적의 투사 조건도 계산할 수 있다.

그림2를 이해하기 위해서는 그림 아래의 해설을 참고하자. 중요한 것은 슛을 편하게 쏠 수 있는 투사 조건을 선택하는 것이다.

릴리스 각도가 크면 림으로 입사하는 각도 커지지만, 필요 이상으로 크게 하면 그만큼 릴리스 속도도 빨라져야 한다. 그러면 선수가 공을 날리기 위해 발휘해야 하는 파워도 증가해야 하므로 그 결과로 궤도가 일정해지지 않을 수 있다.

하지만 가능한 한 높은 위치에서 슛을 쏘면 릴리스 속도와 릴리스 각도를 최저한도로 억제할 수 있다. 이런 점을 생각하면, NBA 선수처럼 키가 크고 근력도 강한 선수들은 멀리서부터 슛을 쏘더라도 상당히 편하게 슛할 수 있다는 것을 알 수 있다.

키가 큰 선수는 그 장점을 이용하고 키가 작은 선수는 높은 도약력을 익혀서 릴리스 위치를 높이는 것이, 투사 조건을 고려했을 때나 시합 중에 수비수에게 블로킹 당하지 않기 위해서도 효과적일 것이다.

02 정확도가 높은 슛을 쏘려면

 편하게 쏘는 슛이 중요하다

농구 경기에서 승리하려면 상대보다 1점이라도 더 많은 점수를 올려야 한다. 공격 상황에서 점수를 올리려면 '슛을 쏘는 것'이 필요하며, 좋은 슛(성공률을 높이는 슛)을 쏘려면 백스핀과 릴리스 각도 등이 중요하다는 것을 68쪽 '좋은 슛을 던지는 조건은'에서 설명했다. 또한 편하게 슛을 쏘는 것이 왜 중요한지도 알아보았다.

이처럼 어떻게 하면 낭비 없이 여분의 힘을 주지 않은 상태에서 슛을 할 수 있는지가 높은 정확도의 슛을 쏘기 위한 포인트라 할 수 있다. 그러면 이에 관해 좀 더 자세히 살펴보자.

 자유투 연속 성공기록

로봇처럼 릴리스 속도, 릴리스 각도, 백스핀을 정확하게 조절할 수 있다면, 백발백중으로 슛에 성공하는 것도 가능할 것이다. 실제로 일본 B리그 농구팀인 알바르크 도쿄ALVARK TOKYO에 소속된 AI 로봇 'CUE3'이 2019년 5월 17일에 자유투를 2,020회 연속으로 성공시켜서 '휴머노이드 로봇의 연속 자유투 최다 성공횟수'로 기네스에 등록되었다(**사진1**).

이처럼 로봇이라면 기계적으로 모터를 제어해서 거의 100% 확률로 슛에 성공할 수 있다. 인간은 로봇이 아니라서 불가능하다고 생각할 수도 있겠지만, 1993년에 미국의 의사인 톰 앰버리Tom Amberry가 자유투를 2,750

회 연속으로 성공해서 기네스북에 등재되었다. 소요 시간은 약 12시간이었으며, 피로를 이겨내고 집중력을 유지하며 슛에 성공한 것은 대단한 일이 아닐 수 없다.

릴리스 각도를 조절한다

슛을 쏠 때 루프(정확한 표현은 아크: arc)를 높여야 한다고 말한다. 그렇다면, 릴리스 각도를 어느 정도로 해야 정확도가 높아질지 생각해보자.

일본농구협회에서 발행하는 지도 교본에서 권장하는 릴리스 각도는 플로어(수평면)에 대해 50~55도 정도라고 되어있다. 이 각도가 좋은 이유로는 ① 슛을 쏠 때의 속도가 작아져 컨트롤하기 쉬워지며 ② 림에 공이 들

사진1 기네스 기록에 도전하고 있는 AI 로봇, CUE3

제공: 도요타 자동차 주식회사

어갈 때의 각도(입사각)가 슛이 가장 잘 들어가는 45도 전후가 된다는 것을 들 수 있다. 최적 각도는 슛의 거리와 릴리스 높이에 따라 약간 달라지지만, 개인의 슛 특성을 파악하는 기준으로 유용한 지표이다.

최근에는 스마트폰 앱과 동영상 기능을 이용해서 손쉽게 투사 각도와 공 궤도를 계측할 수 있다. 이를 활용해서 릴리스 각도의 오차를 줄이고, 때로는 플로터 등으로 각도에 변화를 주는 연습을 도입하는 것도 효과적일 것이다.

NBA 슈퍼스타 스테판 커리Stephen Curry의 시합 전 슛을 보면 릴리스 각도를 극단적으로 높인 루프 슛과 릴리스 타이밍이 빠른 퀵 슛을 쏘는 것을 볼 수 있다. 언뜻 장난하는 거냐고 생각할 수도 있지만, 다양한 릴리스 각도와 타이밍으로 슛을 쏘는 연습을 하면 어떤 자세와 상황에서라도 높은 정확도의 슛을 쏠 수 있어 릴리스 감각을 연마하는 데 도움이 된다.

불필요한 데 힘을 주지 않는다

1점을 치열하게 다투는 시합에서 자유투를 얻었을 때, '릴랙스해서 쏴라!'라는 말을 들은 경험이 있을 것이다. 극도로 긴장된 압박 속에서는 평소 이상으로 힘이 들어간 채로 슛을 하는 경우가 자주 발생한다.

이때 '릴랙스해라', '어깨 힘 빼라'라는 말을 자주 하지만, 사실 힘을 빼는 게 쉽지 않다. 힘을 뺐다고 생각해도 근육의 전기적 신호를 기록하는 장치(근전도)를 통해 살펴보면 여분의 근활동이 있다는 것을 알 수 있다.

이처럼 극도의 긴장과 압박, 흔히 말하는 '업'된 상태에서는 주로 움직이는 근육(주동근)과 그와 반대로 움직이는 근육(길항근)이 동시에 활동한다고 알려져 있다. 주동근과 길항근이 동시에 작용하면, 관절이 굳으면서 적절한 힘 조절을 할 수 없게 되어 비효율적으로 움직이게 된다.

긴장과 압박의 영향을 줄이기 위해 자신에게 맞는 조정 방법을 찾아보자.

이럴 때는 먼저 힘을 잔뜩 넣고 나서 빼는 방법을 추천한다. 예컨대 어깨 힘을 빼고 싶을 때, 양쪽 어깨를 있는 힘껏 올려 몇 초간 유지하고 나서 힘을 단번에 빼면 힘이 들어가지 않은 처음 상태로 '초기화'할 수 있다. 슛의 정확도와 안정성을 높이려면 불필요한 여분의 힘을 주지 않는 것이 중요하다. 그렇게 하기 위해서라도 자신에게 맞는 조절 방식을 알아두는 것이 중요하다.

NBA 역사상 자유투 성공률이 가장 높았던 골든 스테이트 워리어스의 포워드 릭 베리Rick Barry는 자유투 성공률이 90%였는데, 특이하게도 자유투를 언더핸드 스로(아래에서 슛)로 던졌다. 이처럼 누구에게나 통하는 최고의 슈팅 비법은 존재하지 않는다. 최근에는 다양한 슛 이론을 접할 기회가 많아졌지만, 개인의 신체 조건이나 특징, 장점, 성장 능력에 맞춰서 최적의 슛 방법을 찾아내는 것이 중요할 것이다.

림을 보는 방법에 따라 슛 성공률을 높일 수 있다

'어디'보다는 '어떻게'가 중요하다

슛을 쏠 때 주로 시선을 어디에 두는가? 보고 있는 곳은 림의 앞쪽, 림의 중앙, 림의 안쪽 등 다양할 것이다. 연구에 의하면 '어디를' 보고 있는가보다 '어떻게' 보고 있는가가 더 중요하며, 이것이 슛 성공과 가장 크게 연관되어 있다.

목표물을 조준할 때 선수의 시선 움직임에 관해 흥미를 느낀 연구자가 농구에서 자유투할 때 선수의 시선이 어떻게 변화하는지를 연구한 결과가 있다. 이 연구에서는 자유투 성공률이 높은 선수와 낮은 선수가 각각 자유투를 던질 때 '어디를 보고 있는지'와 '어떻게 보고 있는지'를 조사했다.

조사 결과 자유투 성공률이 높은 선수가 성공한 슛은 다른 것과 비교했을 때, 슛 동작을 시작하기 전부터 림을 보기 시작하거나 림 위치에서 시선을 옮기지 않고 오래(1초 이상) 본다는 것을 알 수 있었다. 그 이유는 슛을 쏠 때 필요한 정보를 얻고 준비하는 과정을, 림을 길게 보는 동작으로 적절하게 수행할 수 있기 때문으로 보인다.

이런 특징은 사격이나 다트 등 목표를 겨냥하는 다른 종목에서도 볼 수 있으므로, 자유투 성공에는 어디를 보고 있는지보다 오래 한곳을 계속 보는 것이 중요하다는 것을 알 수 있다. 이런 특징적인 시선 움직임을 '콰이어트 아이(Quiet Eye, QE)'라고 부른다.

그림1 자유투 시의 시선 측정 영상

*그림 가운데의 녹색 십자 마크가 실험대상자의 시점

그림2 슛 성공률에 영향을 주는 시선

공을 움직이기 전부터 림의 한 지점을 계속 본다.

몸이 움직여도 가능한 한 같은 지점을 본다.

 슛 정확도를 높이는 QE 트레이닝

콰이어트 아이(QE)는 점프 슛을 할 때도 관찰할 수 있다. 점프 슛은 선수에 따라 슛 자세가 다르고, 수비수가 있어서 자유투처럼 간단히 성공할 수는 없다. 그중에서 슛이 성공했을 때의 특징을 조사했더니, 슛을 쏘는 팔을 펼 때까지 림의 한 점을 오래 보고 있다는 것을 알 수 있었다. 점프슛을 할 때도 오랫동안 한 점을 계속해서 보는 것이 슛 성공과 관계있는 것이다.

QE 트레이닝을 하면 슛 성공률이 향상될 수 있다. 어떤 농구 선수가 자유투 전에 QE 트레이닝을 실시했더니 두 시즌 후에 슛 성공률이 향상되었다는 연구 결과가 있다. 하지만 체육 수업에서 농구 경기를 해본 적이 없는 초보자가 한 점을 오래 보는 시간을 늘려도 슛 성공률이 향상되지는 않았다. 초보자는 보는 것뿐만 아니라 더욱 안정적인 동작을 하는 법을 배울 필요가 있기 때문이다.

표1은 농구 경기를 해본 적이 없는 대학생 20명을 QE 트레이닝 집단과 기술 트레이닝 집단으로 나눠서 훈련을 시행한 것이다. QE 집단은 콰이어트 아이 획득을 목표로 하고, CT 집단은 자유투 슛 자세 획득을 목표로 해서 하루에 120회 던지는 훈련을 3일간 실시했다. 그 결과, QE 집단의 자유투 성공률은 CT 집단보다 약 11%를 웃돌았다. 또한 압박 하에서 슛할 때, QE 집단은 성공률이 떨어지지 않았지만 CT 집단은 약 7% 저하했다. 이를 통해 QE를 획득한 선수는 불안감이 높아지는 상황에서도 자유투 정확도를 유지할 수 있다는 것을 알 수 있었다.

점프 슛 정확도를 높이기 위해 QE 트레이닝이 일부 효과적이라는 연구 결과도 있다. 그러나 213명의 대학생을 대상으로 시행한 실험(**표**2)에서 초보자 그룹은 즉시 효과를 볼 수 있었지만, 중급자 그룹에서는 그만큼의 효과는 얻을 수 없었다. 따라서 중급자 이상에서 QE 트레이닝을 할 때는 트레이닝 횟수를 늘리거나 수비수가 있는 조건에서 실시하는 것이 더 효과적일 것이다.

표 1 농구 초보자 트레이닝

단계	QE 트레이닝	CT 트레이닝
1	자유투 라인에서 어깨너비만큼 다리를 벌리고 자세를 잡는다.	자유투 라인에서 어깨너비만큼 다리를 벌리고 자세를 잡는다.
2	'림 말고 아무것도 없다'라고 읊조리며 공을 3회 튕긴다.	'림 말고 아무것도 없다'라고 읊조리며 공을 3회 튕긴다.
3	손바닥이 아니라 손가락 끝으로 공을 잡는다.	손바닥이 아니라 손가락 끝으로 공을 잡는다.
4	림 앞쪽으로 약 1초간 시선을 향한다. 그동안 '집중'이라고 되뇐다.	슛 자세를 취하고 초점을 맞춘다.
5	슛 동작에서는 무릎을 굽혀서 전신을 활용한다. 공이 시야를 차단할 수 있지만, 그동안 무리하게 림을 주시할 필요는 없다.	슛 동작에서는 무릎을 굽혀서 전신을 활용한다.
6	공을 릴리스한 다음에는 폴로 스루하듯이 림을 신경 쓴다.	공을 릴리스한 다음에는 폴로 스루하듯이 림을 신경 쓴다.

표 2 점프 슛 정확도 향상을 위한 트레이닝

단계	QE 트레이닝	CT 트레이닝
1	라인에서 자세를 취하고 가능한 한 일찍 림 앞쪽에 시선을 둔다. 루틴을 실행하더라도 림 앞쪽으로 시선을 향하게 한다.	자유투 라인에서 자세를 취하고 루틴을 실행한다.
2	공을 세팅했으면 림의 어딘가 한곳을 약 1초 이상 바라보며 '림 말고 아무것도 없다'라고 되뇐다.	림에 초점을 맞춘 후는 오른손 손가락 끝으로 공을 고정하고, 왼손은 공에 가볍게 붙인다. 오른팔 팔꿈치가 림으로 향하도록 L자를 만든다.
3	세트 슛과 점프 슛을 한다. 공과 손이 몸의 중심선을 지나도록 한다. 공이 시야에 들어오면 림이 가려진다.	다리, 무릎, 팔, 손가락 끝으로 공을 날린다.
4	슛 동작은 신속하고 매끄럽게 시행한다.	손가락 끝이 림을 향하도록 폴로 스루한다.
5	슛을 하기 위해 팔이 펴지는 동안은 무리하게 림을 주시할 필요가 없다.	슛을 쏘는 것에 대해 긍정적인 자세로 자신감을 가진다.

04 슛하기 전 동작을 일정하게 하자

 프리 퍼포먼스 루틴이란

자유투를 던질 때 어떤 점에 가장 신경 쓰는가? 슛 동작의 매끄러움과 앞서 소개한 림을 바라보는 방법을 활용하는 사람도 있을 것이다. 또한 '평소처럼, 언제나처럼' 등 마음속으로 다짐하는 경우도 있을 것이다. 한편으로 자유투를 던질 때는 아무 생각도 하지 않는다던가 신경 쓰지 않는다는 사람도 있을 것이다.

좋은 슛을 쏘기 위해서 각자 나름대로 주의하는 부분이 있겠지만, 여기서는 슛 성공률과 관계있는 '프리 퍼포먼스(슛) 루틴'에 관해 알아본다.

프리 퍼포먼스 루틴이란 어떤 플레이 전에 하는 일정한 동작을 말한다. 농구에서는 자유투 전에 하는 드리블과 손안에서 공을 회전시키는 동작이 이에 해당한다. NBA에서는 손으로 키스를 날리거나 뺨을 만지는 등 특징적인 동작을 하는 선수도 있다(**그림**1).

자유투 전 동작이 일정한지 아닌지로 슛이 들어갈지 아닐지가 정해질 수도 있다. NBA 콘퍼런스 세미파이널에서 자유투를 조사한 연구 결과, 자유투 전 동작이 일정하면 성공률이 83.77%, 그렇지 않으면 71.43%로 약 12%나 차이가 있다고 한다. 또한 자유투 전 동작이 일정한 것뿐만 아니라, 같은 시간과 타이밍으로 시행하는 것도 중요하다(**그림**2).

프리 퍼포먼스 루틴의 효과는 농구 외에 골프의 퍼팅이나 럭비의 킥 등에서도 관찰할 수 있다. 이처럼 다른 경기에서도 같은 동작을 반복하는 루틴을 중요하게 여긴다는 것을 알 수 있다.

그림1 **특징적인 프리 퍼포먼스 루틴**

그림2 **자유투 전 동작이 일정한 경우와 그렇지 않은 경우의 성공률**

* Lonsdale&Tam(2008)을 바탕으로 저자가 작성

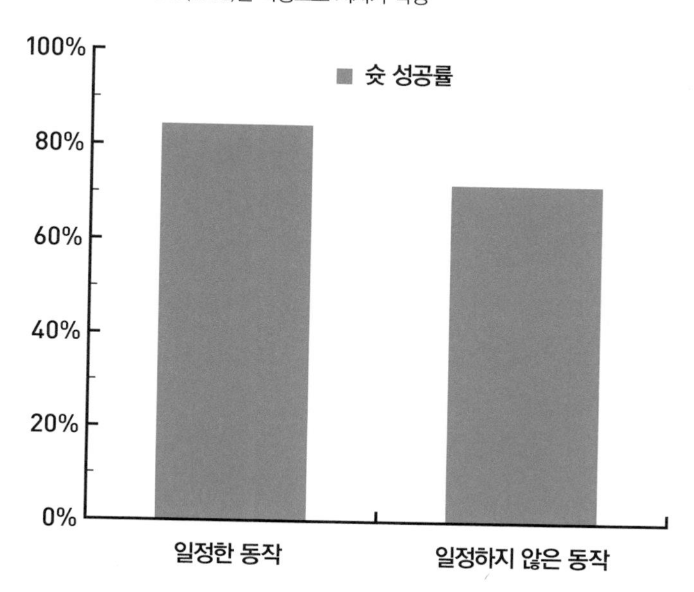

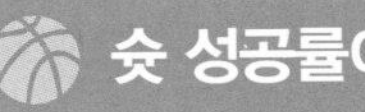 슛 성공률이 올라가는 이유

그렇다면 프리 퍼포먼스 루틴은 왜 슛 성공률과 관계있는 것일까? 여러 가지 면에서 그 효과를 생각해볼 수 있다.

먼저 자유투 전에 동작을 일정하게 하려는 행위는 선수의 잡념을 없애주는 것으로 보인다. 불안과 지난 실수에 사로잡히는 것은 적절한 플레이를 방해하고 또 다른 실수를 유발하기도 한다. 이와는 달리 일정한 동작을 하려는 행위는 부정적인 생각이 아니라, 오롯이 동작에만 의식을 향하게 하여 슛을 던질 때 집중할 수 있게 한다.

승패를 결정하는 상황에서도 언제나 같은 동작을 할 수 있다면, 선수는 긴장하지 않고 평소처럼 자신을 유지할 수 있다는 생각을 하게 되므로 이는 곧 자신감으로 이어진다.

또한 같은 동작을 하는 것은 슛 성공을 위한 최적의 역량과 투사각 등의 수치와 몸을 움직이는 최적의 방법을 생각나게 하고 재현하기 위한 방아쇠가 된다고 본다.

사람은 과거의 경험을 통해 슛 성공에 가장 적합한 각종 수치(힘과 각도)와 몸의 움직임을 기억한다. 프리 퍼포먼스 루틴의 같은 동작은 이런 기억에 작용해서 '이 위치는 그때와 같다'라는 최적 수치와 신체 움직임을 불러낸다.

이 밖에도 워밍업 역할을 해서 움직임을 매끄럽게 해주는 등의 효과가 있다. 이처럼 여러 효과가 인정된 프리 퍼포먼스 루틴을 농구 경기에 꼭 사용해보길 바란다.

 시합 전 워밍업에도 같은 효과가 있다!?

같은 행동을 계속한다는 의미에서는 '자유투를 던지기 직전'이라는 하나의 플레이에서뿐만 아니라, 시합 전에 워밍업을 루틴처럼 하는 것도 효과가 있을 가능성이 있다.

이처럼 시합 전 워밍업을 일정하게 하는 것으로 앞서 소개한 프리 퍼포먼스 루틴의 효과를 얻을 수 있다면, 시합에 대한 불안이 낮아지고 보다 자신감 있는 태도로 임할 수 있게 된다. 또한 시합 전과 마찬가지로 시합 당일은 몇 시에 일어날지, 몇 시에 경기장에 들어갈지, 시합 전날 밤을 어떻게 릴랙스하면서 보낼지, 시합 전 일주일 동안은 어떻게 컨디션을 조정할지 등 시합 당일과 전날 밤, 시합까지의 일주일 동안을 지내는 방법을 정해두는 것도 효과가 있을 것이다.

하지만 이런 루틴의 효과에 관해서는 연구 분야의 조사가 쉽지 않아서 아직 과학적 근거는 없다. 시합의 승패와 좋은 퍼포먼스를 위해서는 수많은 요인이 존재하기에 효과를 증명하는 것이 어렵기 때문이다.

루틴으로 무엇을 할지 너무 자세하게 정하는 것은 추천하지 않는다. 만약에 결정한 대로 진행하지 못한 경우 그것이 불안의 또 다른 원인이 될 가능성이 있기 때문이다. 루틴으로 시행하는 내용은 어느 정도 여유를 갖는 것이 좋다.

드리블의 좌우 차이와 리듬을 분석한다

 좌우 차이가 퍼포먼스에 미치는 영향을 고려한다

'정교한 드리블'이라고 하면 사람마다 다른 이미지를 연상할 것이다. 왜냐하면 드리블의 정교함에는 여러 요소가 있기 때문이다.

예를 들면, '이동 스피드'와 '원활성'에 관해서는 연구가 진행되어 있어서 자세와 근육 활동 등의 측면에서 정교함의 메커니즘이 어느 정도 알려져 있다.

단, 이런 것은 어디까지나 정교한 드리블의 한 요소이며 이 밖에도 많은 요소가 있다. 여기서는 아직 과학적인 검증이 이루어지지 않은 드리블의 '좌우 차이'와 '리듬'에 관해서 농구 외의 동작을 연구한 결과를 바탕으로 생각해보고자 한다.

아마도 '좌우 드리블을 동일하게 하라'라는 말을 들어본 적이 있을 것이다. 그렇지만 그 의미를 깊게 생각하지 않고, 주로 사용하는 손뿐만 아니라 반대쪽 손도 잘 사용할 수 있어야 한다는 의미로 연습해오지는 않았는가?

이러한 좌우 차이에 관해서는 드럼을 빨리 치는 법을 연구한 논문에서 매우 흥미로운 해석을 발견할 수 있다.

이 연구에서는 숙련된 드럼 연주자의 경우 한쪽 손으로 드럼을 칠 때 최대 속도의 좌우 차이가 작다는 사실을 밝혀냈다. 그 좌우 차이가 좌우 교대로 치는 동작의 최고 속도에 영향을 미친다는 것이다. 즉 한쪽 손으로 치는 속도에 좌우 차이가 작을수록 양손으로 교대로 칠 때의 퍼포먼스가 높아진다.

그림1 개인 간 리듬 끌어들임 현상

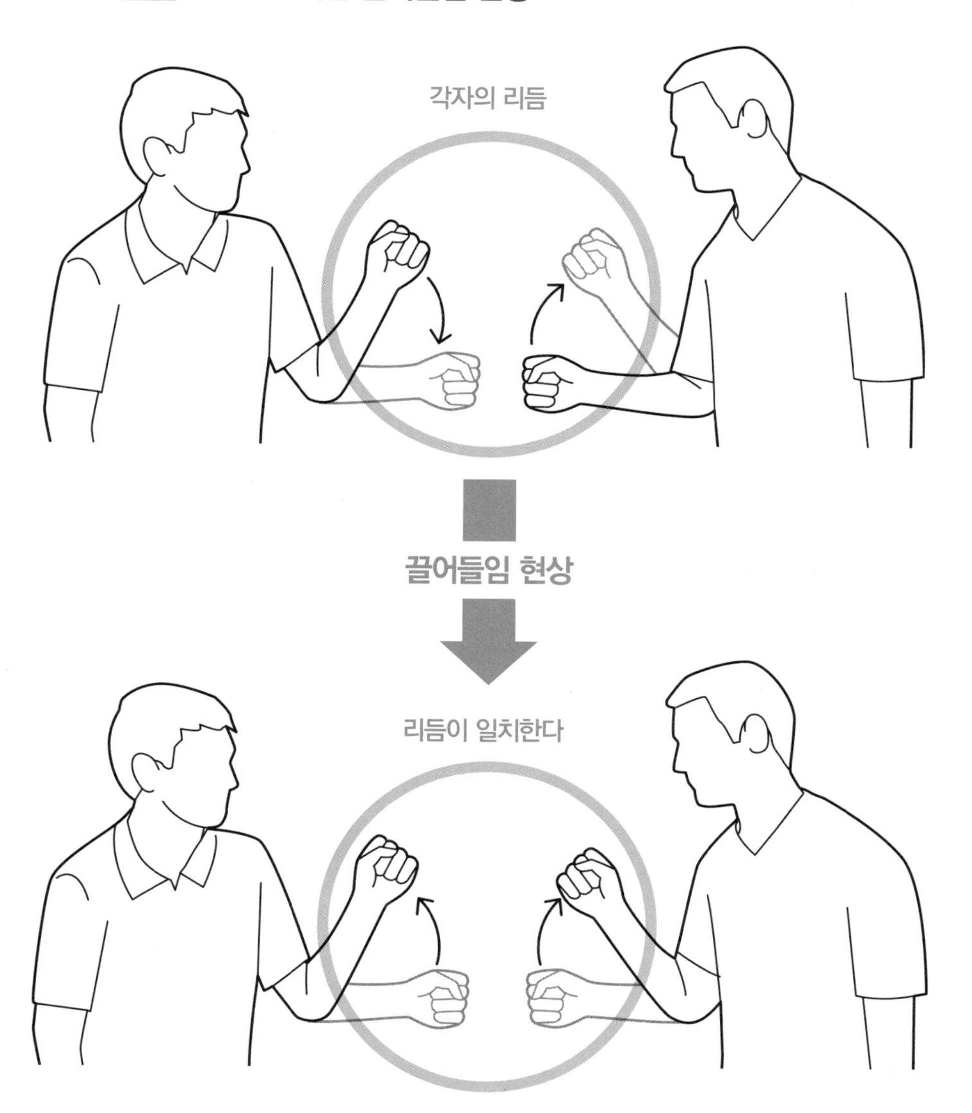

각자 자신이 의도한 리듬으로 운동을 하더라도 다른 사람의 움직임과 소리 등의 외부 정보에 이끌려 자신도 모르게 의도하지 않은 움직임을 하게 되는 경우가 있다. 이것이 독특한 리듬을 가진 드리블 등을 방어하기 어렵다고 느끼는 이유라고 추정할 수 있다.

농구에서는 재빠르게 크로스오버를 반복해서 상대를 제치는 테크닉을 자주 볼 수 있다. 드리블도 드럼과 마찬가지로 팔꿈치와 손목을 펴고 굽히는 것을 중심으로 하는 동작이다.

크로스오버처럼 재빠르게 양손으로 하는 드리블에서도 좌우 차이가 양손 퍼포먼스를 제한할 수 있다는 점을 알아두면 좋을 것이다.

독특한 리듬이 만들어내는 힌트

수비할 때 어떤 선수의 드리블은 리듬이 독특해서 방어하기 어렵다고 느낀 적이 있는가? 이런 현상의 메커니즘을 농구와 연관지어 밝힌 연구 사례는 아직 없는 것으로 보인다. 다만, 다양한 리듬 동작 연구를 통해 인간은 외부의 리드미컬한 정보(소리와 다른 사람의 움직임)에 자신도 모르게 이끌려서 의도하지 않은 동작을 하게 되는 특성이 있다고 알려져 있다(**그림1**, **그림2**).

독특한 드리블 리듬으로 플레이하는 선수를 수비하는 것이 어려운 데에

그림2 개인의 끌어들임 현상의 예 *Sleimen-Malkoun et al. (2014)를 바탕으로 작화

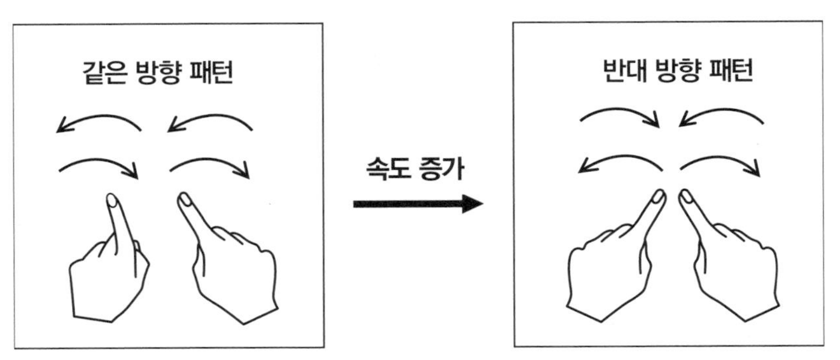

리드미컬한 운동 속도를 높이면 어떤 특정한 패턴이 된다.

는 이런 과학적인 배경이 숨어있을지도 모른다. 또한 댄서와 댄서가 아닌 사람의 리듬 동작을 비교한 연구에서는 댄스 경험을 쌓으면 리듬에 '이끌리는 것'에 대해 비교적 잘 저항할 수 있다는 것을 보여준다.

이것을 농구에 적용해서 생각해보면, 독특한 리듬이라 방어하기 어려운 드리블을 할 수 있는 선수는 익숙하기에 '보통이라면 빠지기 쉬운 운동 패턴'에 저항할 수 있으며, 상대가 만들 수 없는 리듬을 갖고 있다고 추측할 수 있다.

여기서는 농구 연구가 아니라 음악과 댄스와 같이 다른 장르의 연구 결과를 참고하여 드리블에서 좌우 차이와 리듬의 의미에 관해 생각해보았다. 물론 드럼과 댄스 동작 이론을 농구의 드리블에 직접 적용할 수는 없지만, 때로는 농구 외의 운동에 관한 과학 정보가 플레이와 지도 방식의 시야를 넓히는 데 도움이 될 것이다.

숙련된 드럼 연주자는 좌우 차이가 적다는 것과 댄서가 끌어들임에 잘 저항하는 것 등 농구 외의 동작 연구에서 얻을 수 있는 힌트도 많다.

06 드라이브를 잘하는 선수의 특징

크로스오버 드라이브와 스트레이트 드라이브

공을 갖고 있을 때 수비수와 간격이 떨어져 있으면 슛을 하고, 가까우면 드리블로 상대를 제친 다음 슛 기회를 만드는 것이 공격의 기본이다. 골대에 가까워질수록 슛 성공률이 높아지므로, 슛은 가능하다면 골대 가까이서 쏘고 싶은 게 당연하다. 그리고 골대 가까이서 슛을 쏘기 위한 방법 중 하나가 바로 드라이브다.

드라이브는 공을 가진 공격수가 드리블로 수비수를 제치고 골대 가까이 침투하는 플레이를 가리키며, 선수로서 반드시 익혀둬야 할 플레이 중 하나다. 여기서는 드라이브를 잘하는 선수는 어떻게 움직여야 하는지 자세히 살펴보자.

먼저 드라이브의 종류에는 한쪽 발을 다른 쪽 발 앞에 교차하며 첫 스텝을 내딛는 크로스오버 드라이브(**사진1**)와 교차하지 않는 스트레이트 드라이브(**사진2**)가 있다.

드라이브를 잘하는 선수는 그렇지 못한 선수와 비교했을 때 크로스오버 드라이브의 첫 번째 스텝과 스트레이트 드라이브의 두 번째 스텝, 즉 한쪽 발을 다른 쪽 발 앞에 교차하는 크로스오버 스텝을 할 때, 무게중심의 이동 거리가 길어지고 속도도 빨라진다. 하지만 스트레이트 드라이브의 첫 번째 스텝에서 무게중심이 이동하는 거리와 속도는 드라이브를 잘하는 선수와 잘하지 못하는 선수 간에 차이가 없다.

사진1 크로스오버 드라이브

사진2 스트레이트 드라이브

상대 선수를 언제 어디서 제칠 것인가

다음으로 드라이브의 발 움직임에 주목해보자(90쪽 **그림**1). 드라이브를 잘하는 선수는 크로스오버 드라이브를 할 때 잘하지 못하는 선수보다 첫 번째 스텝을 더 크게 림을 향해 내디딘다. 하지만 스트레이트 드라이브의 두 번째 스텝은 드라이브를 잘하는 선수와 잘하지 못하는 선수 간에 보폭과 발을 내딛는 각도에 차이가 없다.

그림1 발을 딛는 각도

골대 방향
착지점
+
−
내디딜 때의
무게중심 지점

그림2 공을 튕기는 거리와 각도

공이 튀는 지점
공이 튀는 지점
튕긴 거리
드리블 핸드 쪽
+
−
첫 스텝을 내디딜 때의
무게중심 지점

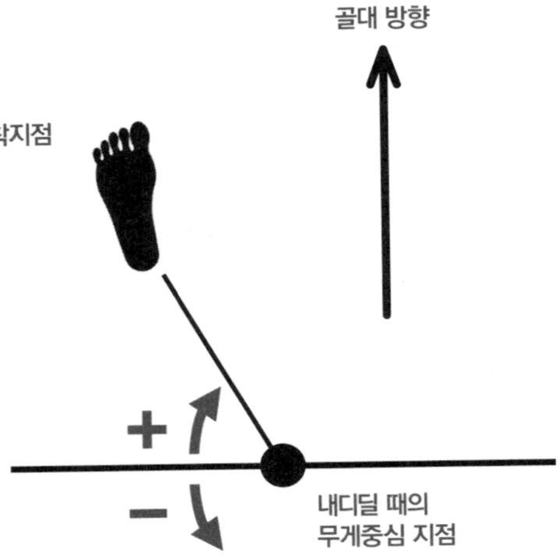

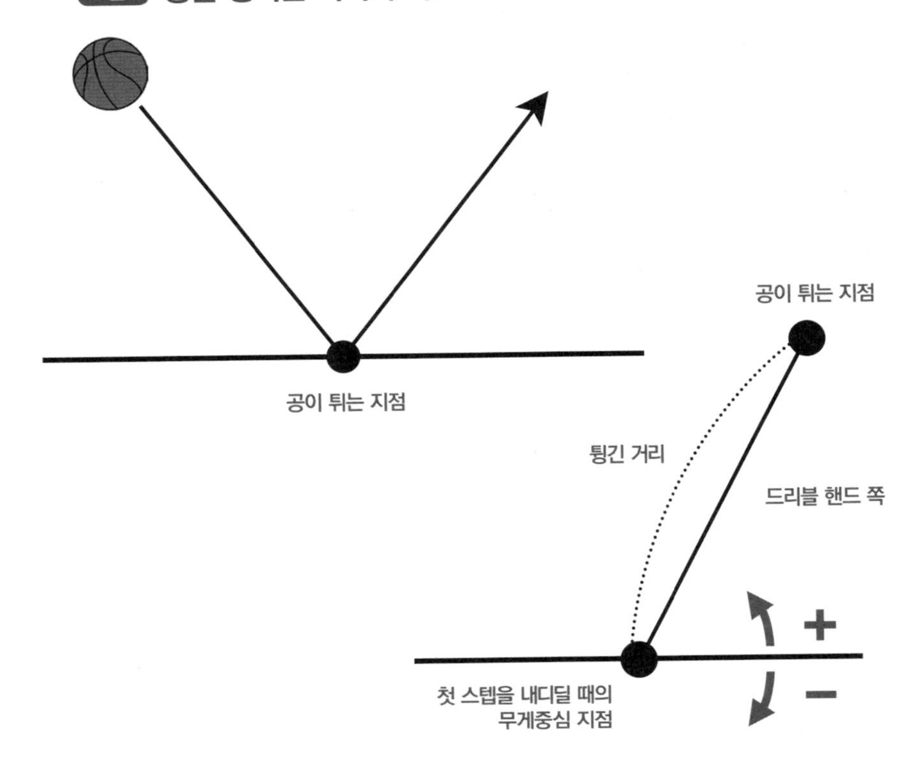

스트레이트 드라이브에서는 첫 번째 스텝을 내딛는 각도에 차이가 없지만, 드라이브를 잘하는 선수의 경우 첫 스텝을 더 크게 내디딘다. 즉 드라이브를 잘하는 선수는 스트레이트 드라이브에서 첫 번째 스텝의 보폭을 크게 해서 수비수와의 차이를 만들고, 두 번째 스텝에서 가속해서 수비수를 제친다고 생각할 수 있다.

이런 이유로 드라이브를 지도할 때 첫 번째 스텝이 중요하다고 늘 강조하는 것이다.

다만, 스트레이트 드라이브에서 첫 번째 스텝은 림을 향하고 있는 것만으로는 충분하지 않다. 또한 첫 번째 스텝을 지나치게 강조해서 내딛는 발의 착지가 상당히 앞쪽(큰 걸음)에 위치하게 되면 제동이 걸려 스피드를 낼 수 없으므로, 어디까지나 신체적 특성에 맞춰서 발을 내딛는 것이 필요하다.

드라이브에서 공을 튕기는 위치(**그림**2)에 주목하면, 크로스오버 드라이브에서 드라이브를 잘하는 선수가 잘하지 못하는 선수보다 림을 향해 더 크게 드리블한다. 스트레이트 드라이브에서는 드라이브를 잘하는 선수와 잘하지 못하는 선수 사이에 공을 튕기는 데 차이가 없다. 그러므로 드라이브를 지도할 때 '림을 향해 크게 드리블하라'라고 강조하는 것은 크로스오버 드라이브에 적절한 것이라 할 수 있다.

이처럼 드라이브를 잘하는 선수는 크로스오버 드라이브에서 림을 향해 첫 스텝을 크게 내딛고, 드리블도 림을 향해서 크게 하여 첫 스텝에서 무게중심을 크게 빨리 이동한다. 한편 스트레이트 드리블에서는 첫 스텝을 크게 내딛고, 두 번째 스텝에서 무게중심을 크게 빨리 이동한다.

골에 가까워질수록 드리블하기 어려워진다. 따라서 최소한의 드리블 후 슛으로 연결한다는 생각을 항상 갖고 있어야 한다. 첫 번째 스텝을 크게 해 강한 드리블로 단숨에 제치자.

커트당하지 않는 패스의 세 가지 포인트

패스 빠르기를 높이는 것과 동시에 캐치 기술도 필요하다

농구에서 '성공'이란 무엇일까? 최종적으로는 좋은 슛을 넣는 것임은 틀림없지만, 그에 앞서 상대에게 공을 빼앗기지 않도록 패스를 해야 한다. 상대 팀에 빼앗기지 않고 우리 편에게 공을 건네는 것이 바로 패스의 성공인 것이다.

그렇다면, 패스를 커트당하지 않으려면 어떻게 해야 할까?

먼저 빠르게 패스하는 것이 가장 효과적인 방법 중 하나다. 단순하게 생각해서 공이 손에서 떠나있는 시간이 짧아질수록 수비수에게 방해받을 가능성이 낮아지기 때문이다. 한편으로 패스가 빨라지면 우리 편이 공을 받기도 어려워질 위험이 있다. 이를 방지하려면 우리 편 선수가 빠른 패스를 캐치하는 동작을 익혀야 한다.

그림1은 같은 스피드의 공을 다른 방식으로 캐치했을 때 손에 가해지는 힘을 이미지로 나타낸 것이다.

날아가고 있는 공에게만 해당하는 내용은 아니지만, 물체에 가해지는 힘(무게×스피드)이 같다면 힘 크기가 그리는 면적은 같다는 물리 법칙이 있다. 그래서 짧은 시간 동안 캐치하면 큰 힘이 발생하지만, 긴 시간으로 캐치하면 비교적 적은 힘으로도 공을 잡을 수 있다.

즉, 공을 맞이하러 나가서 끌어들이는 듯한 동작을 하면 긴 시간 동안 공을 받게 되어 부드럽게 캐치할 수 있다는 것이다.

그림1 **공을 받는 시간과 힘의 파형**

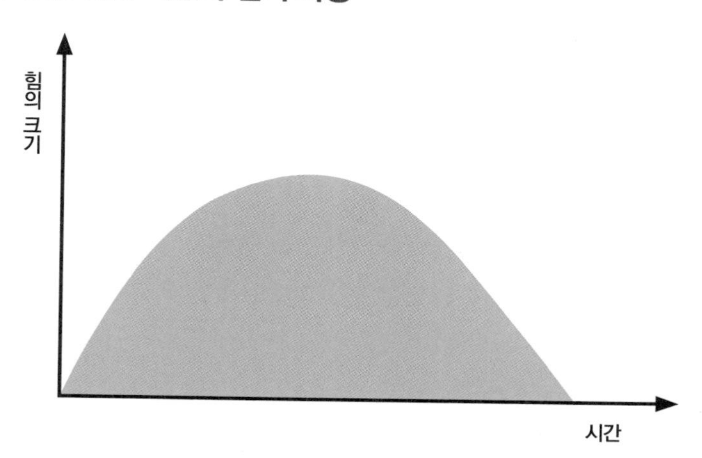

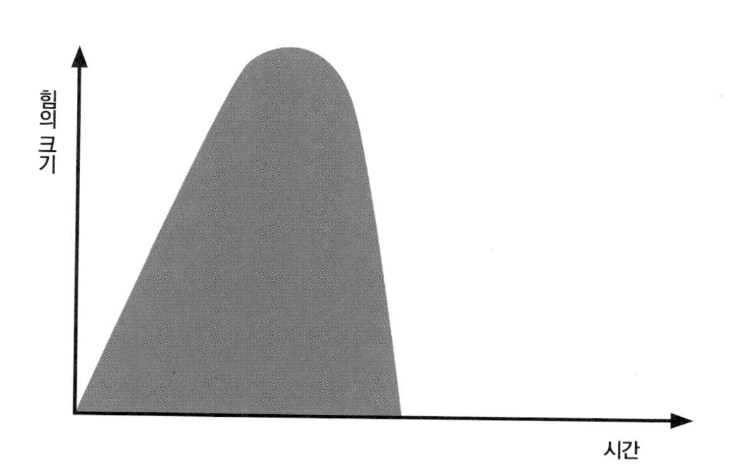

짧은 시간에 공을 받으면 큰 힘이 발생하지만, 시간을 들여서 받으면 큰 힘을 억제할 수 있다.

 선택지가 많을수록 응답 시간은 길어진다

아무리 빠른 패스를 할 수 있다고 해도 동작이 크고 시간이 걸리는 자세라면 수비수에게 궤도를 읽혀서 코스를 차단할 수 있는 시간적 여유를 제공하게 된다.

인간은 선택이 필요하지 않은 단순한 반응이라도 몸 전체가 움직일 때까지 약 0.3~0.4초가 소요된다. 그러므로 그 정도로 재빠른 동작으로 패스를 하면 매치업하고 있는 눈앞의 수비수는 예측과 반응이 어려워진다.

또한 인간의 반응시간은 선택지가 많을수록 길어진다는 특성(**그림**2)도 이해해두자.

이를 농구에 적용해보자. 현재 상황에서 오직 패스밖에 할 수 없다고 알고 있는 상대 선수의 패스에는 재빨리 반응할 수 있지만, 그 밖의 플레이도 선택할 수 있는 선수의 패스라면 재빨리 반응하기 어렵다.

인간은 움직임을 관찰해 공의 궤도를 예측할 수 있다고 한다. 시합 분위기를 돋우는 패스 중 하나인 노 룩 패스와 비하인드 백 패스는 단지 화려하고 멋진 것만이 아니라, 패스 코스를 예측하기 어렵기 때문에 매우 좋은 기술이라 할 수 있다. 반대로 이런 기술을 사용해도 수비수에게 코스와 타이밍을 읽혀버리면 의미가 없다.

여기서는 '커트당하지 않는 패스'와 관련된 과학 연구를 소개했다. 물론 이런 과학적인 배경지식을 알고 있는 것만으로 패스 실력이 향상되는 것은 아니다.

다만, 기존 패스 기술을 재검토하는 계기가 되고 새로운 패스 기술이 등장했을 때 그 차이점을 이해하는 자료로 활용할 수 있다면, 지도와 연습의 효과를 높일 수 있을 것이다.

그림2 **선택반응 시간과 반응 선택지의 관계** (Schmidt, 1994)

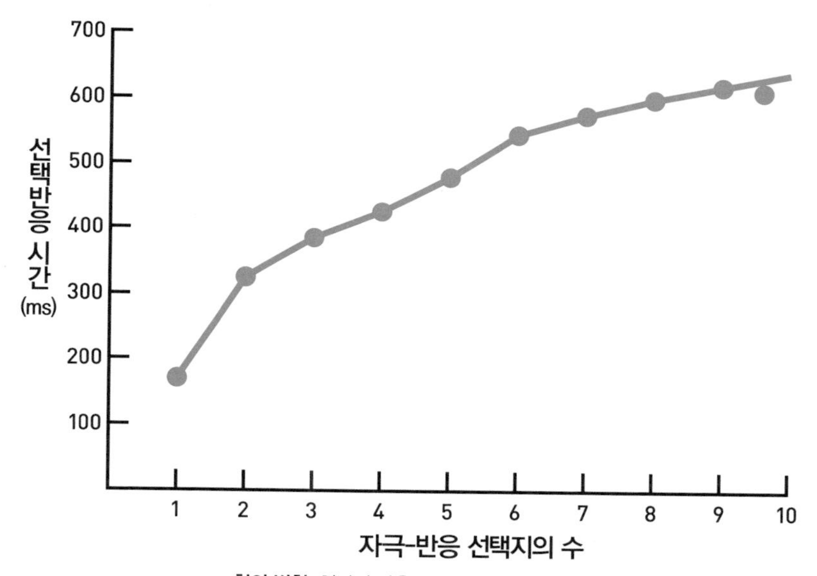

힉의 법칙: 인간의 반응시간은 선택지가 증가할수록 길어진다.

사람이 어떤 사건에 반응하는 시간은 선택지가 많을수록 길어진다. 예를 들면, 상대가 패스밖에 할 수 없다고 알고 있다면 수비에서 반응하기 쉽지만, 드라이브와 슛 등 여러 가지의 선택지가 있으면 그만큼 반응이 늦어진다. 이런 특성을 생각할 때 패스의 성공률을 높이려면 상대가 '지금 패스하려고 하는구나' 하고 단순하게 알아차리게 만들지 말고, 항상 '뭘 하려는 거지?' 하며 여러 가지의 선택지가 있다고 생각하게 만드는 것이 중요하다.

08 시간을 들이지 않는 공격 픽 앤드 롤

 8초룰과 24초룰에서 효과적인 픽 앤드 롤

경기 중 1대1 상황에서 눈앞의 수비수와 연결된 관계성을 깰 수 있다면 상대 팀의 수비를 무너뜨리고 득점을 올릴 가능성이 커진다. 하지만 상대의 수비력이 좋으면, 1대1에서 수비수와의 관계성을 깨기가 쉽지 않다. 그런 상황이라면 다른 공격수와 협력해서 수비를 무력화해야 한다.

이처럼 다른 공격수와 협력해서 수비를 무너뜨리는 방법으로 '픽 앤드 롤'이 있다. 픽 앤드 롤이란 공을 갖고 있지 않은 공격수가 공을 가진 공격수를 마크하는 수비수의 동선에 서서 수비수의 움직임을 방해하는 것이다. 수비수와의 관계성을 무너뜨리는 플레이로 최근 국내외 농구 경기의 각종 상황에서 볼 수 있다.

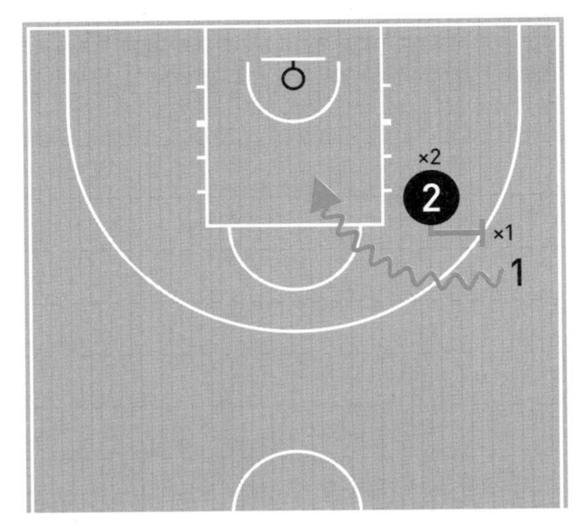

그림1-1
픽 앤드 롤의 움직임

그림1-2 픽 앤드 롤의 움직임

볼러(유저)
스크린을 이용해서
이동하는 선수

스크리너
스크린을 거는 선수

픽 앤드 롤에서 스크린을 걸고 나서, 볼러가 슛하거나 패스할 때까지 걸리는 시간은 어느 정도일까? 런던올림픽 유럽예선에서 10경기를 골라 경기 중에 발생한 714회의 픽 앤드 롤을 분석한 연구에 따르면, 픽 앤드 롤의 평균 소요 시간은 3초 이내였다(표1). 그러므로 픽 앤드 롤은 다른 전술에 비해 짧은 시간에 플레이를 끝낼 수 있다고 볼 수 있다.

 픽 앤드 롤은 백코트에서도 효과적이다

농구에는 시간제한 규칙이 있어서 짧은 시간에 플레이를 마칠 수 있는 픽 앤드 롤은 매우 효과적인 기술이다.

픽 앤드 롤과 관련된 시간제한 규칙으로는 백코트에서 가진 공을 8초 이내에 프런트코트로 옮겨야 하는 '8초룰'과 소유한 공을 24초 이내에 슛해

표1 픽 앤드 롤 소요 시간의 예 (스페인 VS 포르투갈)

단위 : 초

1P		2P		3P		4P	
스페인	포르투갈	스페인	포르투갈	스페인	포르투갈	스페인	포르투갈
1.74	3.08	2.79	2.58	2.58	2.46	2.01	1.59
2.97	3.18	1.72	2.10	3.73	1.68	2.37	6.10
4.48	2.58	3.16	2.71	1.08	4.26	1.57	1.94
3.34	4.04	3.14	2.64		3.43	1.41	1.74
2.67	1.6	2.14	3.42			2.42	2.12
1.45	1.85	2.48	1.80			3.02	
2.20	3.34	2.52	2.25			2.99	
3.83	3.72	2.49	1.93			1.68	
	2.68	2.89	1.48			2.56	
	1.97	3.42	1.45			1.67	
	2.14	2.61	1.21			1.42	
	3.77	5.20	2.35				
	2.41	2.87	3.88				
	2.44		1.49				
	3.17						

야 하는 '24초룰'이 있다.

8초룰과 관계있는 상황으로는 백코트에서 공을 가진 선수를 수비수가 압박하는 것을 들 수 있다. 압박하는 수비수에게 스크린을 걸어서 공을 가진 선수를 해방할 수 있다. 상황에 따라서는 많은 숫자로 공격하는 것도 가능하다. 백코트에서 플레이를 제한하는 8초룰에서도 3초 이내에 플레이를 마칠 수 있는 픽 앤드 롤은 효과적으로 기능한다.

픽 앤드 롤은 비교적 어떤 상황에서도 사용할 수 있는 전술인데, '24초룰'에서 슈팅 클락이 짧아진 상황을 예로 들 수 있다. 3초 이내에 플레이를 마칠 수 있는 픽 앤드 롤은 슈팅 클락이 한 자릿수가 되어도 충분히 사용할 수 있다. 일반적인 공격에서 픽 앤드 롤을 사용하지 않더라도 압박이 심해서 공을 프런트코트로 옮길 수 없는 상황이나 슈팅 클락이 얼마 남지 않았을 때 활용할 수 있다면 좋을 것이다.

그림2 백코트에서 픽 앤드 롤

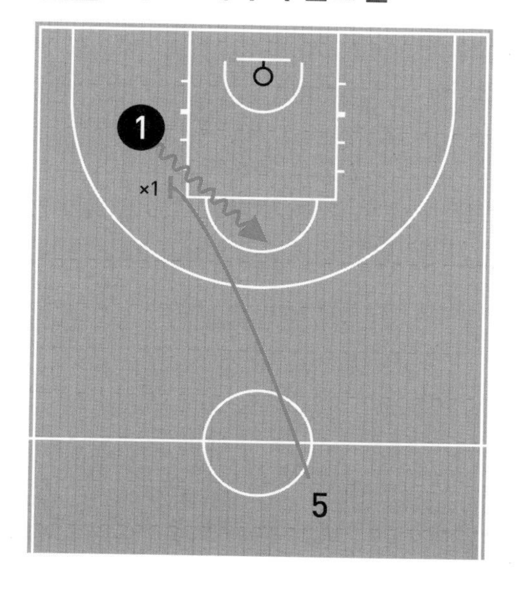

픽 앤드 롤에서 스크리너의 움직임

스크린을 세팅하는 세 가지 움직임

스크린이 들어간 가장 기본적인 콤비 플레이는 바로 픽 앤드 롤이다. 가장 간단해 보이지만 쉽게 막지 못하는 주무기로, 오늘날 NBA와 국내·외를 불문하고 모든 수준의 경기에서 픽 앤드 롤을 많이 사용한다.

물론 픽 앤드 롤은 5대5에서 전개되지만, 플레이에 직접 관계한다는 의미에서는 스크린을 사용하는 볼러와 스크린을 거는 스크리너, 이렇게 두 사람의 공격수가 구성한다.

여기서는 픽 앤드 롤을 구성하는 두 사람의 공격수 중 스크리너에 주목해서 효과적인 픽 앤드 롤을 만드는 스크리너의 움직임에 관해 알아본다.

스크리너가 스크린을 걸기 전의 움직임은 크게 세 가지로 나눌 수 있다.

1. **스테이 계열:** 스크리너는 이동하지 않고 정지한 상태에서 볼러가 드리블을 구사해서 수비수를 스크린에 걸리게 한다.
2. **런 앤드 워크 계열:** 스크리너가 볼러를 마크하는 수비수를 향해 달리거나 걸어서 접근하고 스크린을 건다.
3. **페이크 앤드 스크린 계열:** 런 앤드 워크 계열처럼 달리거나 걷거나 해서 볼러를 막는 수비수에게 접근하고 스크린을 걸지만, 그전에 페이크를 넣고 움직이거나 오프 볼 스크린에서 픽 앤드 롤 스크린으로 향한다.

픽 앤드 롤에 대항하는 수비로는 다섯 명의 선수가 연동해서 득점을 저지하는 방법을 사용하기도 하지만, 역시 중요한 것은 볼러와 스크리너를 마크하는 수비수의 움직임이다. 왜냐하면 쇼나 스위치 등 2명의 수비 방법을 많이 채택하고 있기 때문이다. 쇼는 하드쇼와 플랫쇼 등으로, 스위치도 스위치업 등으로 세분되어 있다.

이처럼 볼러와 스크리너를 마크하는 2명의 수비수는 다양한 방법을 구사하여 픽 앤드 롤을 저지하려 하기 때문에, 볼러와 스크리너 두 사람이 픽 앤드 롤을 완성하는 데 중요하다는 것을 알 수 있다. 이러한 수비 방법에 대해 '런'이나 '페이크 앤드 스크린 계열'에서는 스크리너를 마크하는 수비수를 떼어놓아서 픽 앤드 롤에 대응하기 어렵게 한다.

스크린플레이를 할 때는 볼러와 마찬가지로 스크리너도 시야를 넓게 유지하는 것이 포인트다. 자신을 마크하는 수비수 외에 다른 수비수의 움직임까지 생각하며 항상 전체적인 상황을 파악하도록 노력하자. 이것이 가능해야 비로소 수비수의 대응을 피할 수 있게 된다.

런 앤드 워크 계열이 가장 효과적이다

그렇다면 스크리너가 스크린을 걸기 전 동작으로는 세 가지 중 어떤 움직임이 가장 효과적일까?

2006년, 2010년, 2014년에 개최된 FIBA 월드컵 대회에서 4강에 남은 팀의 8강전 이후의 세 경기, 합계 24경기를 대상으로 조사한 연구에 따르면, 스테이 계열과 페이크 앤드 스크린 계열보다 런 앤드 워크 계열의 성공률이 높았다.

즉, 스크리너가 이동하지 않고 멈춰있을 때 볼러가 드리블을 구사해서 수비수를 스크린에 부딪치게 하는 것이 아니라, 스크리너가 이동해서 볼

그림1 수비수에게 접근해서 스크린 걸기

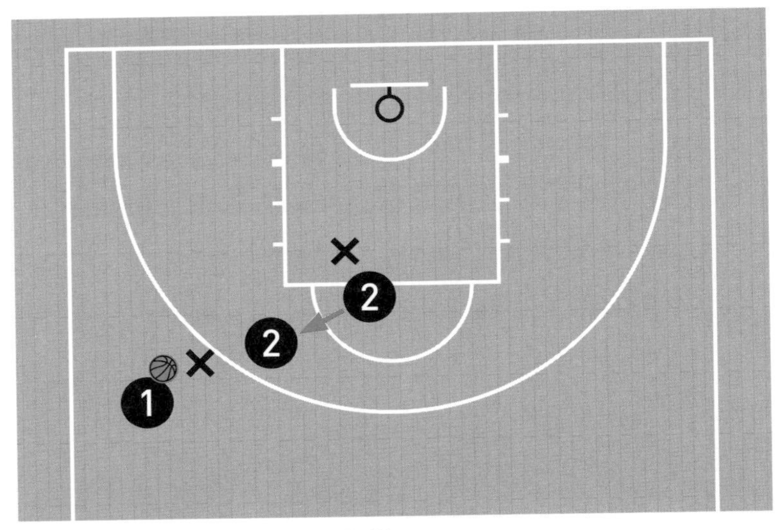

러를 마크하는 수비수에 접근하고 스크린을 거는 것이 더욱 효과적이다(**그림**1).

페이크 앤드 스크린 계열보다 런 앤드 워크 계열의 성공률이 높은 요인에 관해서는 앞으로 연구되길 기대한다. 픽 앤드 롤의 스크린을 걸기 전에 오프 볼 스크린과 페이크를 하지 않고 노모션으로 달리거나 걸어서 볼러를 마크하는 수비수에게 접근하고 스크린을 거는 것이 효과적인 것은 분명하다.

런에서는 스크리너를 마크하는 수비수를 떼어내서 픽 앤드 롤에 대응하는 것을 어렵게 만들 수 있다. 한편 워크에서는 스크리너가 스크린 방향과 각도를 바꾸는 플립을 쉽게 사용할 수 있어서 성공률이 높아진 것으로 보인다(**그림**2).

그림2 런 앤드 워크 계열의 픽 앤드 롤 움직임

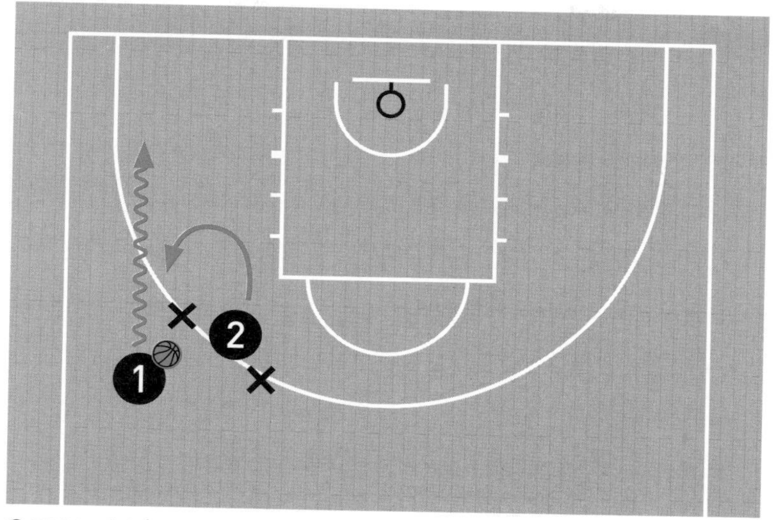

이러한 내용을 보면 픽 앤드 롤에서 스크리너에 대한 지도는 노모션으로 움직여서 볼러를 마크하는 수비수에게 접근하고 스크린을 거는 것이어야 한다.

볼러와 스크리너 모두 수비수의 움직임을 철저하게 파악하며 의사소통하는 것이 중요하다. 또한 2대2에서 3대3으로 인원수를 늘려가며 연습하면 세 번째 공격수에게 패스하는 선택이 가능해져 더욱 공격의 패턴을 다양화할 수 있다.

10 오프 더 볼에서 판단 기준

 공을 갖고 있지 않을 때의 움직임이 중요하다

농구에서 공격의 기본 구조는 공을 가진 선수와 그렇지 않은 선수의 행동으로 이루어져 있다. 공격 측 선수는 서로 간에 공을 계속해서 돌리면서 수비 측 선수를 견제하는 상태로 팀 전술을 전개한다. 농구는 코트 위에서 뛰는 선수가 5명뿐이라서 공격 중에 공을 갖게 되는 비율이 높다. 따라서 공을 다루는 것과 공을 소유한 선수의 기술에만 주목하기 쉽지만, 선수는 공을 가지고 있든 그렇지 않든 간에 계속해서 플레이해야 한다.

1960~1970년대에 걸쳐 전미 대학농구 선수권에서 10연패한 UCLA를 지휘한 존 우든John Wooden은, 경기 중에 공을 소유할 기회가 많기 때문에 공을 가질 때는 상대에게 위협적인 위치와 상황에서 공을 받아야 하며, 공을 갖고 있지 않을 때의 움직임과 전술이 중요하다고 말한다. 그리고 그런 움직임과 전술에는 선수가 각자의 포지션에서 움직이는 방법과 다양한 스크린 방법, 공을 갖고 있는 선수의 상황을 보고 자신의 행동을 판단하는 것이 중요하다.

 공을 갖고 있지 않은 선수의 네 가지 상황

공을 갖고 있지 않은 선수의 상황 판단에 관해 지도할 때의 포인트는 무엇을 판단 기준으로 삼는가에 달려있다.

필요한 상황 판단은 다음과 같이 크게 네 가지로 구분할 수 있다.

1. **패스 리시브 판단**: 세트 공격에서 패스 리시버가 되기 위해 움직임을 멈추거나 천천히 움직이며 우리 편과 상대 선수의 위치를 판단하는 것이다(107쪽 **그림**1).
2. **숏 플레이 판단**: 세트 공격에서 스크린 등을 통해 상대 수비수의 마크를 벗어나서 패스를 요구하는 타이밍을 판단하는 것이다(107쪽 **그림**2).
3. **포스트 지역의 판단**: 하이포스트와 로포스트에 패스한 다음의 선수와 포스트 지역에서 패스를 받기 위해 이동하는 선수의 판단이다(107쪽 **그림**3-1, 3-2).
4. **페리미터 플레이어의 판단**: 윙사이드와 톱 지점에서 스크리너가 되기 위한 움직임과 스크린 볼러 등 다른 선수의 플레이를 보고 공간을 만들기 위한 움직임을 판단하는 것이다(107쪽 **그림**4-1, 4-2).

이런 상황 판단에 관해서 ① 패스 리시브 판단과 ② 숏 플레이 판단은 경기 수준과 상황 판단 능력에 그다지 관련이 없다는 연구 결과가 있다. 플레이를 잘한다고 해서 항상 좋은 판단을 하는 것은 아니라는 것이다(반대로 잘하지 못한다고 해서 나쁜 판단을 한다고도 할 수 없다). 코치는 특히 패스 리시버에 관한 상황 판단을 지도할 때 각 선수의 특징을 이해해야 한다.

② 숏 플레이 판단은 공을 가진 선수의 패스로 캐치 앤드 숏으로 연결될 가능성이 높은 상황에서 어떤 선수를 주의해야 할지 판단하는 것이 대표적인 예이다. 이런 상황에서는 남자 선수가 여자 선수보다 판단력이 나은 경향이 있었다. 숏하기 위해 패스를 받는 움직임은 공을 가진 선수가 패스할 수 있는 위치로 이동해야 하며, 어떤 위치에 있는 우리 선수에게 주의해야 할지는 남자 선수가 판단력이 더 우수한 항목이라 할 수 있다.

한편으로 ③ 포스트 지역의 판단과 ④ 페리미터 플레이어의 판단은 경기력이 높은 선수의 상황 판단 능력이 우수한 경향이 있다. 특히 존 오펜스에서는 특정한 마크맨이 없으므로, '비어있는 선수와 지역'과 같이 상대 진형의 약점을 판단하는 것이 필요하다.

④ 페리미터 플레이어의 판단에는 공을 가진 선수의 반대쪽에 자리하는 상황과 패스를 받는 것, 공 소유자의 공간을 만들기 위해 스크린을 거는 상황 등이 있다. 이는 바로 리시버가 되는 상황은 아니므로, 다른 선수의 공간을 확보하기 위한 커팅과 공의 반대쪽에서 공간을 확보하는 것 등이 필요한 상황 판단 능력이다.

선수가 이런 판단을 잘하기 위해서는 각 팀의 공격 전술을 이해하는 것도 필요하다. 이에 관해서는 여자 선수 쪽이 남자 선수보다 좋은 판단을 하는 경향이 있다.

공간을 확보하기 위해 커팅하거나 공의 반대쪽에서 공간을 확보하는 것과 같은 상황 판단 능력이며, 공격 리바운드에서 획득한 공이 톱 지점으로 돌아온 상황과 공을 가진 선수의 반대쪽에 위치하는 상황, 패스 리시버와 공 소유 선수의 공간을 만들기 위해 스크린을 이용해서 이동하는 상황, 공을 가진 선수를 위해 스크린을 거는 상황 등이 있다.

신체적인 능력의 차이로 인해 여자 선수는 남자 선수보다 입체적인 공간을 사용하는 플레이에서는 뒤지지만, 평면적인 공간을 확보하는 것에서는 더 뛰어난 판단을 하는 경향이 있다.

이처럼 공을 갖고 있지 않은 상황에서 선수의 상황 판단은 성별과 경기 수준에 따라 경향이 달라진다. 코치뿐만 아니라 선수도 이런 상황 판단 구조를 이해해두면, 여러 선수와 연계해서 공격의 질을 높이고 다양한 전술을 늘려갈 수 있을 것이다.

그림1 패스 리시버가 되기 위해 상황을 판단해서 움직이는 플레이

타이밍 좋게 움직이기 위해 공뿐만 아니라 우리 편과 상대 선수의 위치와 움직임을 판단해야 한다.

그림2 슛하기 위해 공 움직임에 맞춰서 패스를 요구하는 플레이

슛하기 위해서는 어떤 타이밍으로 움직여서 스크린을 이용하면 마크를 벗어나서 패스를 받을 수 있을지 판단해야 한다.

그림3-1 로포스트 지역에 패스한 다음 선수가 움직이는 방향

포스트 지역에 패스한 다음 어디로 움직이면 좋을지(스테이 포함)를 적절하게 판단해야 한다.

그림3-2 포스트 지역에서 패스를 받기 위해 이동하는 선수의 판단

어떤 타이밍에서 어디에서 패스를 받으면 다음 플레이가 효과적일지 판단해야 한다.

그림4-1 톱 지점부터 스크리너가 되는 움직임

우리 편 선수가 패스를 받을 수 있게 누구에게 언제 어디에서 스크린을 걸면 좋을지 판단해야 한다.

그림4-2 다른 선수의 공간을 확보하기 위해 커팅하는 움직임

우리 편 선수가 패스를 받은 다음에 플레이할 공간을 만들기 위한 움직임과 방향을 판단해야 한다.

● 공격수 ✕ 수비수 ← 사람의 움직임 ⟿ 드리블

농구 이야기 3

슛 정확도를 높이는 법

앞서 이야기했듯이 선수의 손을 떠난 공의 궤도는 떠난 순간의 투사 조건에 의해 정해진다. 이러한 조건은 릴리스 속도와 각도, 릴리스 높이, 그리고 공의 회전력(수)을 의미한다.

정확한 슛을 구사하는 비결은 선수의 손을 떠난 공이 형성하는 포물선에 있다. 공을 높이 던져 반원 모양의 포물선을 그리며 날아가도록 해야 슛 성공률이 높아진다. 림 위에서 떨어지는 공이 직선으로 림을 향하는 공에 비해 훨씬 림 안을 통과할 확률이 높기 때문이다.

그다음은 선수가 손에서 공을 놓는 높이가 중요하다. 선수들이 슛을 시도할 때 높이 점프하는 이유가 바로 여기에 있다. 가장 높이 점프했을 때 공과 림의 거리가 가장 짧아진다. 만약 189cm의 농구 선수가 70cm를 점프한 뒤 정점에서 슛을 던지면, 슈팅 거리가 점프하지 않고 던지는 것에 비해 3%가량 줄어든다.

마지막으로 중요한 것은 손가락 끝으로 공에 얼마나 강한 회전력을 주느냐다. 슛의 완성을 돕는 손가락은 약지, 중지, 검지다. 이들 세 손가락이 공의 밑면을 긁어 주면서 발생하는 회전력이 높이 떠오른 공을이 아래로 떨어지도록 만든다. 또 이 회전력은 림이나 백보드를 맞은 공이 튕겨 나가지 않고 림 안으로 향하게 도와준다.

PART 3

수비의 과학

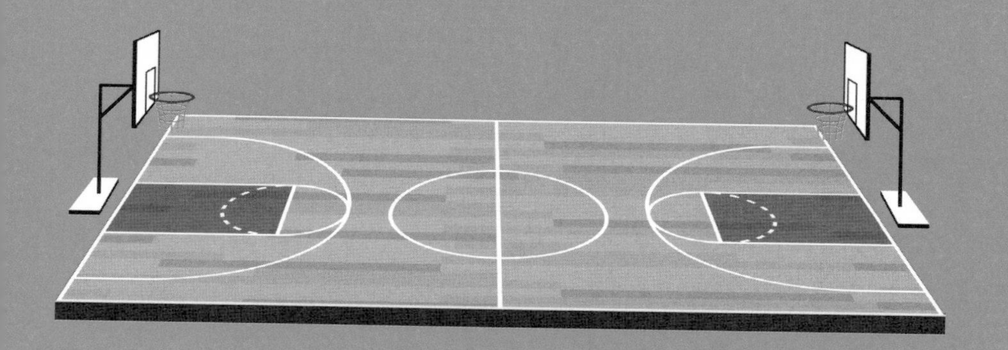

좋은 팀 수비에는 정해진 규칙이 있다?

좋은 수비란 무엇인가

수비가 좋은 팀은 플레이가 안정적이라 시합에서 좋은 성적을 거둘 수 있다. 상대 팀의 허점을 파고들어 최종적으로 누군가 한 명이 슛을 쏘는 공격과는 대조적으로 수비는 가능한 한 허점을 만들지 않도록 팀 전원이 협력해야 한다. 그러므로 상대 팀의 슛 수준에 따라 좌우되기도 하지만, 팀 공격에 비해 팀 수비는 팀의 규율 수준이 성적에 대부분 반영된다고 할 수 있다.

하지만 이런 견해가 과학적으로 검증된 것은 아니다. 왜냐하면 애초에 '좋은 팀 수비(또는 공격)란 어떤 움직임인가'에 관한 연구가 거의 진행되지 않았기 때문이다.

우리가 자주 사용하는 경기 통계에 이와 관련된 지표는 없다. 아직은 이를 그다지 중요하게 여기지 않는 것으로 보인다. 하지만 경험 많은 사람이 팀 수비를 보면 '좋았다'라거나 '좋지 않았다'와 같이 평가할 수 있고, 이러한 평가는 다른 사람의 평가와도 일치하는 경우가 많다.

좋은 팀 수비에 관한 평가의 포인트는 쉽게 말해서 공격수가 쉬운 슛을 쏘지 못하게 만드는 것이며, 이것이야말로 팀 수비의 목적이라 할 수 있다.

참고로 여기서 말하는 '쉬운 슛'이란, 림에서 가까운 곳에서 쏘는 슛이나 수비수한테서 멀리 떨어진 위치에서 하는 슛을 말한다.

이런 쉬운 슛을 쏠 수 있게 하는 것을 '득점하기 쉬운 정도'로 수치화하면, 팀 수비는 득점하기 쉬운 정도를 낮추기 위해 5명의 수비가 협력해서 움직이는 것이라 할 수 있다.

이런 개념을 바탕으로 해서 득점하기 쉬운 정도를 수치화해보았다.

 플레이를 수치화해서 끌어낸 결론은

시합 수준이 약간만 높아져도 1대1만으로 공격수가 슛까지 가져가는 것이 어려워진다. 그래서 스크린플레이를 통해 공격수가 오픈되는 상황을 많이 만든다.

스크린플레이에 대한 수비는 두 명 이상이 협력해서 해야 하지만, 특히 스크리너 수비는 볼러에 대한 수비를 도울 것인지, 아닌지를 판단해야 한다(113쪽 **그림**1). 스크린플레이가 그다지 위협적이지 않은 상태라면 우리 편을 도울 필요가 없지만, 스크린플레이에 걸려들었다면 마크를 스위치해야 한다. 좋은 수비를 과학적으로 분석하려면 이렇게 '스크린에 걸린 정도'도 수치화해야 한다(113쪽 **그림**1).

한편 스위치로 미스매치가 발생한다면 순간적으로 우리 편을 도와서 마크맨으로 돌아가는 동작(헷지)을 해야 한다. 또는 스크린 반대쪽에서 드라이브 당했으면 스크린을 무시하고 반대쪽을 도와야 할 것이다.

이것은 극히 일부의 예이지만, 좋은 수비는 이렇게 다양한 요소를 순간적으로 판단해야 한다.

그렇다면 좋은 수비를 하는 팀은 각 상황에서 어떻게 판단해서 수비하는 것일까?

이 움직임을 밝히기 위해 간토 대학농구연맹 1부에 소속된 팀의 10명의 선수가 하프코트 농구를 할 때, 모션 캡처 시스템을 사용하여 선수와 공의 위치 데이터를 수집했다. 그리고 데이터를 사용해 앞의 사항을 검증하기 위해 총 139회인 모든 스크린플레이를 '스위치 하는 것이 바람직한 상황(스위치 권장 상황)'과 '그렇지 않은 상황(스위치 회피 상황)'으로 분류했다(**그림**2).

결과를 보면 '스위치 회피 상황'에서는 스위치 빈도가 10%(6/63회)로 적었던 것에 비해, 권장된 스위치는 25%(19/76회)로 빈도가 높았고, 스위치 회피 상황에서는 대신에 순간적으로 돕고 돌아가는 헷지가 32%(24/76회)로, '스위치 권장 상황'의 16%(10/63회)에 비해 빈도가 높았던 것을 알 수 있다.

반면에 스크린을 방치한 패턴에서는 스위치 권장·회피 상황별 빈도에(전체 빈도와 비교해서) 큰 차이를 보이지 않았다.

이런 내용을 보면 수비 팀이 사전 전략과 대응한 빈도로 행동을 바꾸고 있다는 것을 알 수 있다. 수비 팀은 단발 스크린에는 대처하는 수단을 갖고 있어서 효과적인 공격을 하려면 수비 팀의 대처를 무너뜨릴 수 있는 다른 방법이 필요하다.

그리고 숫자는 적었지만(6회), 스위치 회피 상황에서의 스위치는 멀리 돌아간다는 것도 알 수 있다(**그림**3). 바람직하지 않은 스위치에 관해서는 물리적인 장애물(공격수의 벽)이 있어서 스위치를 해야만 했다고 생각할 수 있다.

즉, 공격 팀의 관점에서 보면 스위치를 해야만 하는 상황을 만드는 것이 중요하다고 할 수 있다.

스크린플레이에 대한 수비 대처와 빈도 및 스크린 효과

그림1

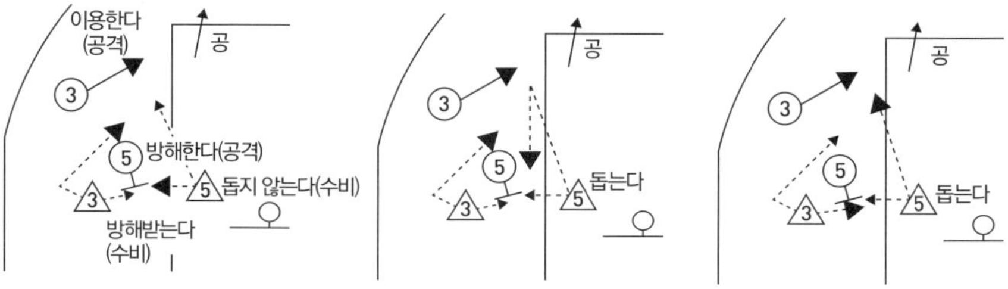

맨투맨인 상태

이용한다 (공격)
공
방해한다(공격)
돕지 않는다(수비)
방해받는다 (수비)

돕고 돌아온다(헷지)

공
돕는다

역할 교체(스위치)

공
돕는다

농구 실측 데이터에서 관찰한 위기 수준에 맞춰서 유연하게 역할을 변화시키는 세 종류의 수비 팀워크 개념도

그림2

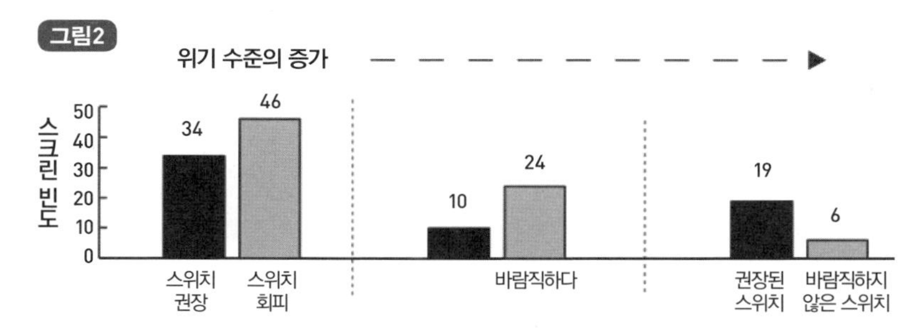

세 종류의 대처에서 스위치 권장·회피 상황별 히스토그램

그림3

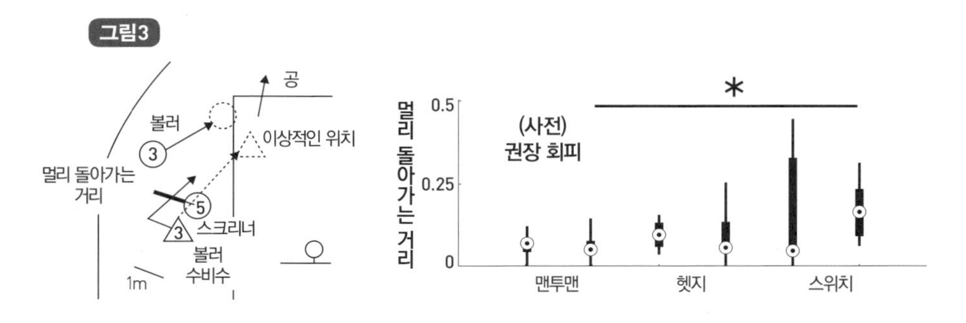

이렇게 다양한 수비 방법을 선택한 기준이 되는 위기 수준에 관해서는 공격자와 수비자의 위치 관계에 따라 멀리 돌아가는 거리로 계산되었다. *는 통계적으로 큰 차이가 있었다는 것을 나타낸다.

02 1 대 1 상황에서는 '첫 움직임'이 중요하다

 수비수의 첫 움직임 빠르기에 주목하라

1대1 상황에서 공격을 막는 수비를 하면서 첫 스텝을 재빨리 내딛으려 할 때, 같은 상황이라도 발이 쉽게 나가는 때도 있지만 좀처럼 발이 떨어지지 않을 때도 있을 것이다. 수비수가 스텝을 하면서 부드럽게 방향을 전환하기 위한 포인트는, 진행 방향으로 빠르게 이동하는 양발의 움직임과 양손을 함께 사용하여 균형을 유지하는 것이다.

조금 극단적인 상황이긴 하지만, 공격수가 오른쪽으로 간다고 생각해서 움직이기 시작했는데 갑자기 왼쪽으로 방향을 바꾼다면(페인트에 걸렸을 때), 발이 지면에 붙어있어도 다음 동작이 상당히 늦어진다. 신체 구조를 생각해보면, 발로 지면에 힘을 가하는(반작용으로 힘을 받는) 것으로 진행하고 싶은 방향으로 진행할 수 있지만, 똑같이 움직였다고 생각해도 동작의 빠르기가 완전히 달라지는 경우가 있다.

수비수는 가능한 한 움직임이 늦어지지 않도록 플레이하고 공격수는 수비수가 움직임을 늦추도록 만들어야 그 역할을 잘한다고 할 수 있다. 어느 쪽이든 1대1 상황에서 수비수의 움직임은 중요하다.

이것을 검증하기 위해 1대1 상황에서의 모션 캡처 데이터를 수집했다. 그리고 두 사람의 마지막(결과가 나오기 직전) 움직임에서 수비수의 움직임이 공격수에 비해 늦어지면 공격수가 이긴다는 사실이 밝혀졌다(단, 승패를 단순화하기 위해 수비수가 공격수의 진행을 1회 막으면 수비수가 이긴 것으로 했다).

움직이기 직전까지 지면에 힘을 가하지 않는다

그리고 수비수의 움직임을 수치로 평가하기 위해, 움직이기 전 지면에 힘을 가하는 정도에 따라 그 후 움직임의 빠르기가 달라지는지를 검증했다.

검증에서는 먼저, 스스로 지면에 가해지는 힘을 진동시켜(무릎을 작고 가볍게 구부렸다 폈다 하면서) LED 라이트가 빛나는 방향(좌우)으로 사이드 스텝을 하는 실험을 했다. 그 결과, LED가 빛난 직후에 지면에 가해지는 힘이 체중(에 해당하는 값)을 밑도는 상태(**그림1**)라면, 체중을 웃도는 가중 상태보다 움직임이 빨라지는 것을 볼 수 있다. 이것은 빨리 움직이는 데 필요한 체중을 덜어낸 상태에서 체중을 실은 상태로 이행하는 것을 매끄럽게 했기 때문으로 보인다.

그림1 수비수의 움직임과 발에 작용하는 힘

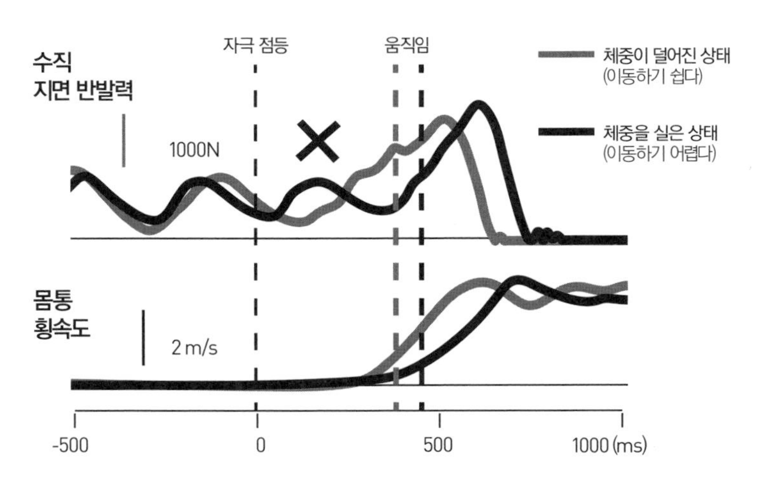

사이드 스텝 실험 : 진행 방향에 대해 뒷다리 쪽 지면에 가해지는 힘. 체중이 덜어진(지면에 가해지는 하중을 줄인) 상태에서는 이동하기 쉬워서 움직임(아래의 몸통 횡방향 속도)이 빠르다는 것을 알 수 있다.

그림2 수비수의 움직임과 발에 가해지는 힘

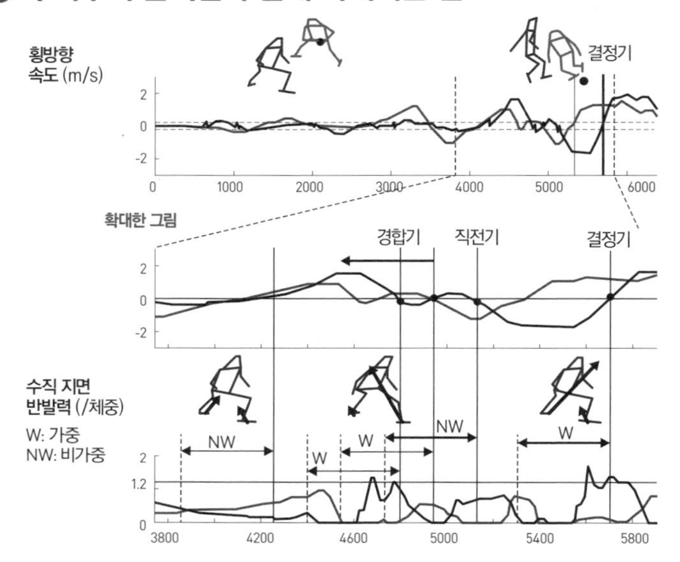

지면 반발력의 최댓값이 체중의 1.2배를 넘었을 때를 가중 상태, 아닌 경우는 비가중 상태라 정의하고 계측했다.

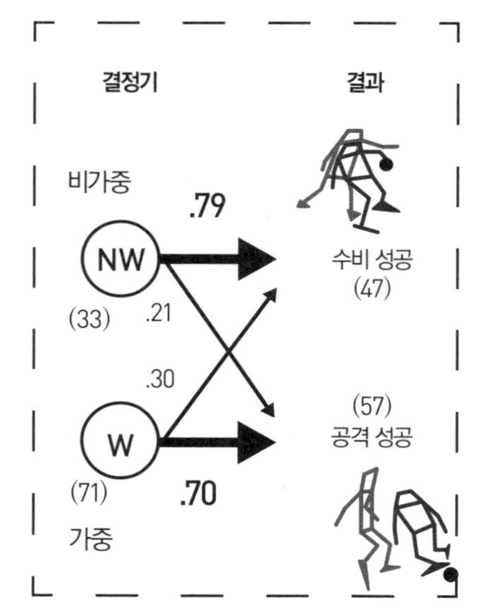

1대1에서 수비수 다리에 가해지는 힘의 계측과 (비)가중 상태와 승패의 관계. 승부가 정해지는 결정기에 수비수가 움직이기 전에 비가중 상태라면, 수비에 성공하기 쉽다는 것을 알 수 있다.

하지만 실제 1대1 상황에서는 이렇게 수비수의 상태를 컨트롤할 수 없다. 그래서 다음에는 총 104회의 1대1 상황에서 수비수가 움직이기 전 지면에 가해지는 힘에 주목해서 움직이는 시각과 승패와의 관계를 살펴보았다.

실제 1대1 상황에서 수비수는 조금씩, 때로는 크게 움직이므로 체중을 덜어낸 상태를 계측하기가 어렵다. 그래서 움직이기 전에 어느 정도 시간폭(400ms)에서 지면 반발력의 최댓값이 어떤 한계치(체중의 1.2배)를 넘었을 때(예를 들면 균형을 잃었을 때)를 가중 상태, 그렇지 않은 경우를 비가중 상태라 정의했다(**그림2 상단**).

그 결과, 수비수가 가중 상태면 공격수에 대한 수비수의 움직임이 늦어지고, 마지막에 공격수가 움직일 때 수비수가 가중 상태라면 공격수의 승리 확률이 높아지는 것을 볼 수 있다(**그림2 하단**).

이런 연구 결과에서 알 수 있는 것은 공격수의 이동이나 페인트에 대해서도 발·무릎·고관절 등으로 충격을 흡수해 움직이기 전 지면에 가해지는 힘의 증가를 막으면, 수비에 성공할 확률이 높아진다는 것이다.

지면에 힘을 가하는 그 순간에는 그 방향으로 움직이기 수월하지만, 페인트에 걸리면 움직임이 늦어진다. 그러므로 정말로 움직여야 하는 상황 직전까지 지면에 큰 힘을 가하지 않고(타이밍을 알고 있다면 지면에 가하는 힘을 빼고) 있어야 재빨리 움직일 수 있다.

사이드 스텝 또는 슬라이드 스텝에서는 옆으로 이동할 때 양발이 완전히 지면에 닿지 않아야 한다. 양발이 어깨너비보다 좁아지지 않도록 주의하고, 머리는 반드시 양발 사이에 위치하도록 염두에 두자. 이동할 때 양발을 붙이면 상체가 붕 떠서 균형을 잃고 만다. 그렇게 되면 그 사이 상대에게 드리블 돌파를 허용하게 될 수 있다.

03 수비수는 상대의 어디를 봐야 할까

'몸통을 보라'라는 말은 맞는 걸까

1대1 상황에서 공격수의 다음 동작을 예측할 때, 공격수의 어디를 봐야 할까? 일반적으로는 동체(몸통 또는 배꼽)가 아닐까? 공이나 발끝, 눈과 같이 몸의 끝부분만 본다면 그 점을 이용해서 공격수가 페인트를 걸기 쉬워지지만, 몸에서 가장 움직임이 느린 동체를 보고 있으면 적어도 페인트 동작에 속을 일은 없을 것이라는 판단에서다.

물론 이러한 설명 자체는 틀리지 않다. 공과 손발, 눈 등은 동체보다 관성이 작아서 간단히 움직일 수 있으므로 페인트를 걸기 쉽다. 하지만 수비 경험이 많다면 쉽게 그런 페인트에 걸리지는 않을 것이다. 그렇다면, 정말 동체만 보고 있으면 되는 걸까?

패스와 슛 등 공도 포함해서 생각하면 복잡해지므로, 여기서는 오프 볼 상태에서 이쪽을 향해 달려오는 공격수가 갑자기 좌우로 방향을 전환하는 상황을 생각해보자.

팔과 다리, 눈과 어깨 등 페인트에는 여러 가지 패턴이 있으므로 공격수는 그런 페인트를 전혀 하지 않고 가능한 한 수비수가 방향을 예측할 수 없도록 달려서 방향을 전환하는 것으로 한다(120쪽 **그림**A). 또한 실제로 1대1을 하는 게 아니라, 공격수를 실제 크기로 스크린에 투사해서 실험한 것이다. 이렇게 하면 공격의 움직임이 고르기 때문에 같은 상황에서 수비수의 움직임을 더 잘 관찰할 수 있다(120쪽 **그림**B).

 몸통 정보만으로는 예측 시간이 늦어진다

공격수는 좌우 어느 쪽으로 갈지를 '예측'한다. 그렇게 하려면 우선 머릿속에서 판단한 시간을 추정해야 한다. 그래서 앞의 영상에서 사이드 스텝을 하기 위해 지면에 횡방향으로 힘이 발생한 시각(영상 반응시간)에서 단순히 LED가 점등한 방향으로 사이드 스텝한 때와 같은 시각(단순 반응시간)을 빼서 공격수의 영상을 보고 좌우를 예측한 시간을 추정했다.

농구 경험자 10명을 대상으로 단순 반응시간을 측정했더니 LED 라이트가 빛난 후 평균 242ms였다. 또한 영상 반응시간은 방향을 전환하는 발이 지면에 닿은 시각(기준 시각)보다 평균 118ms '먼저'였다. 즉, 예측했다고 추정되는 시각은 방향을 전환하는 발의 착지보다 평균 360ms 전이었다.

그다음으로 수비수는 정말 동체만 보면 공격수의 이동 방향을 예측할 수 있을지를 검증했다. 검증 방법에는 여러 가지가 있으나 '동체의 움직임만'과 '동체와 발만'으로 나누어 각 정보로부터 어느 정도 좌우로 움직일지를 예측할 수 있는지 계산했다.

'동체만'의 결과는 중앙값으로 기준 시각보다 41ms 전이었다. 중앙값을 사용한 것은 결과가 고르지 않아서지만, 이것은 실제 수비수가 예측했다고 하는 시각(중앙값이라면 358ms 전)보다 훨씬 늦다고 할 수 있다. 다음으로 '동체와 발만'은 중앙값으로 기준 시각보다 287ms 전에 예측할 수 있었다(도립진자의 움직임을 시뮬레이션해서 계산했고, 실제 수비수의 예측 시간과는 상관관계가 있다). 즉, 실제 수비수가 예측한 것의 기초에는 동체와 발의 관계성에 근거한 예측이 있었을 가능성이 있다.

정리하자면 1대1 수비 때 동체에서 얻은 정보로만 방향을 판단하기에는 너무 느리다는 것을 알 수 있다. 적어도 발 위치를 포함한 자세 정보를 활용해야 실제 방향 예측과 가까운 속도로 판단할 수 있었다.

인간의 눈으로 동체와 발을 동시에 자세히(중심 시야) 보는 것은 어렵기에 전체를 멍하니(주변 시야) 볼 필요가 있다. 실제로는 슛이나 패스 등의 움직임도 있으므로, 공이나 머리의 방향 등도 파악해둘 필요가 있을 것이다. 단, 지나치게 보고 있으면 페인트에 걸리기 쉽다.

그림 방향 전환과 사이드 스텝 계측과 예측 시간

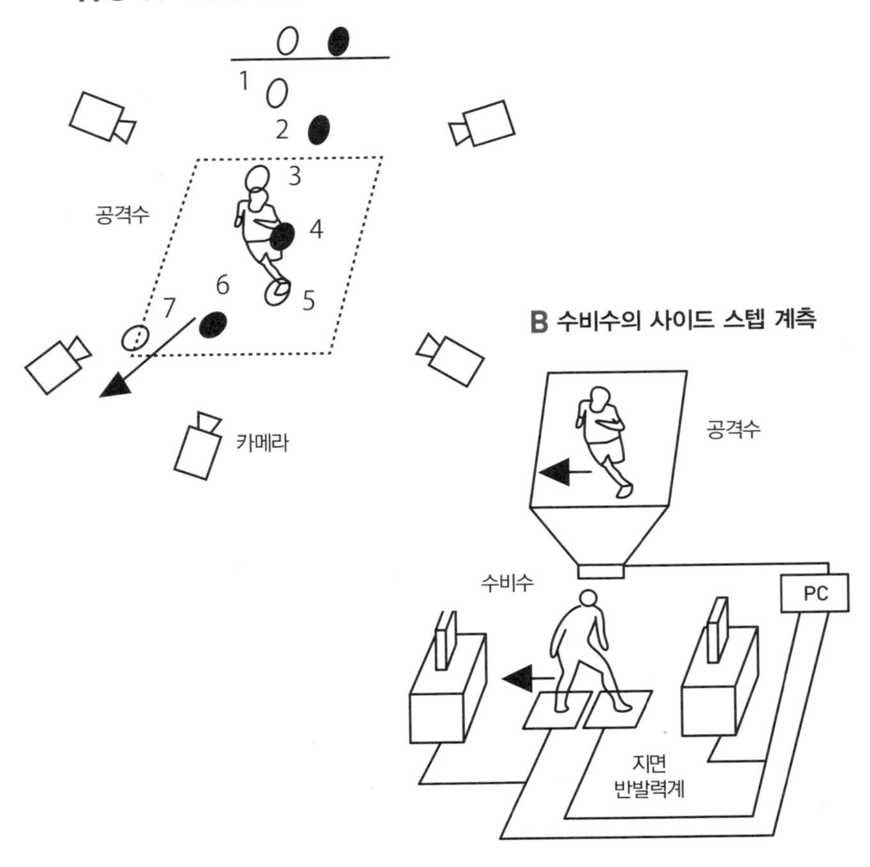

C 동체와 도립진자 모델을 이용한 방향 예측

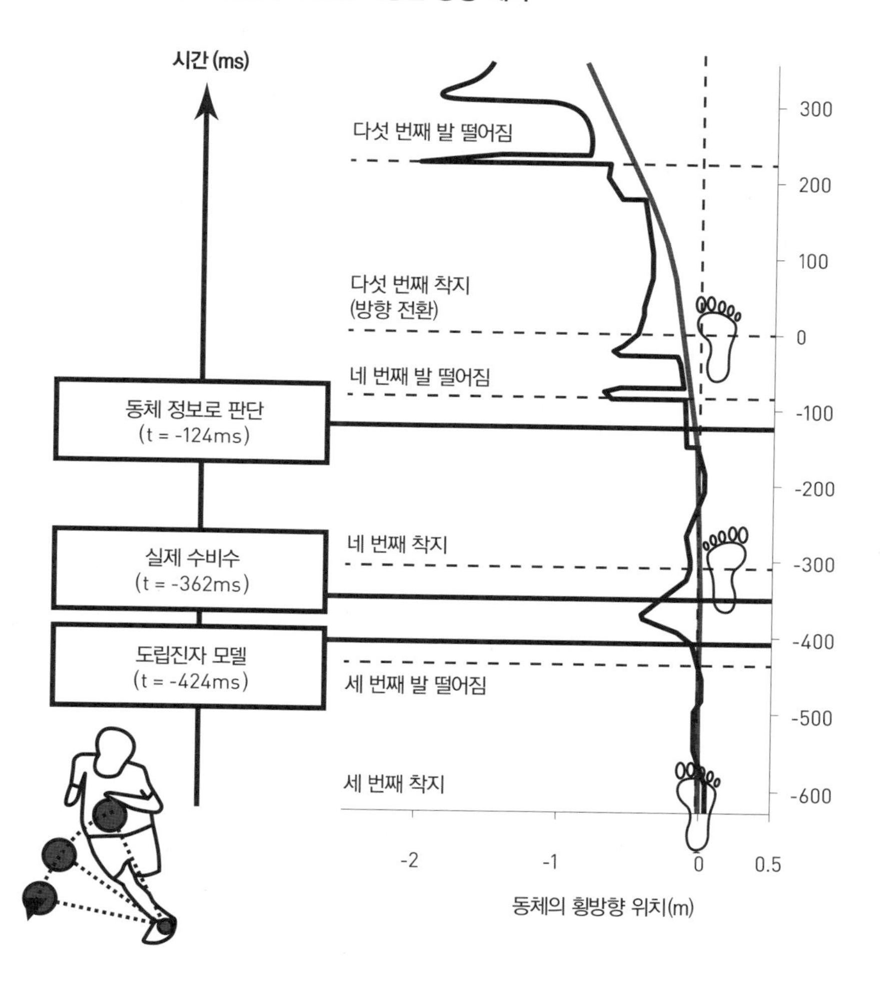

옅은 선은 실제 동체의 궤도, 진한 선은 도립진자 모델을 이용한 방향 예측을 말한다. 실제 수비수 예측과 가까운 빠르기로 (공격수 측에서 봤을 때) 왼쪽으로 휘어진다고 예측하는 것을 알 수 있다. 그림 가운데 수치는 한 예이며, 본문에 나오는 중앙값을 말한다.

04 강한 상대와 시합할 때 더 피로해지는 이유

평소보다 피곤해지는 원인을 과학적으로 살펴보자

고등학생이 대학생과, 대학생이 프로팀과, 국가대표팀이 세계적인 강팀과 시합한다고 해보자. 이렇게 수준 높은 상대와의 시합에서는 어느 정도까지는 좋은 승부가 되더라도 중반부터는 코트 위에서 발이 멈춰버리는 것처럼 점수차가 벌어지는 경우가 있다.

시합하는 상대의 수준이 높다면 첫 스텝을 내딛는 것과 정지, 방향 반전과 점프, 착지, 접촉 등 동작 하나하나를 평소보다 더 빠르고 높고 강하게 해야 한다. 그리고 이것들은 스피드(속도)의 시간적 변화를 의미하는 '가속도'라는 말로 정리할 수 있다(이런 움직임을 '격한 움직임'이라 부르기로 하자). 가속도란 스피드 자체가 빠르거나 느린 것과는 상관없이, 목표 스피드에 얼마나 빨리 도달하는지를 의미한다. 그리고 첫 스텝과 정지, 방향 반전과 점프 등 각각의 움직임마다 스피드는 모두 다르다.

경기 중 코트에 발이 멈춰버리는 듯한 문제를 과학적으로 밝히기 위해서는 선수가 최대 능력을 발휘하는 한계 퍼포먼스를 보여줄 필요가 있다. 하지만 이를 측정하는 것은 현실적으로 매우 어렵다.

그래서 간토 대학농구연맹 1부에 속한 팀과 네 명의 선수를 대상으로 합계 세 경기(간토 대학농구연맹 2부, 1부, 프로 B리그 1부)에서 무선 가속도계·심박계로 가속도와 심박수를, 비디오카메라로 디지타이저를 사용해 이동 거리와 이동 속도를 계측했다. 그리고 이렇게 측정한 값을 시합 전반과 후반에서 각각 산출했다.

시합 중 두 선수의 가속도·심박수 등 각 변수에 관한 레이더 차트

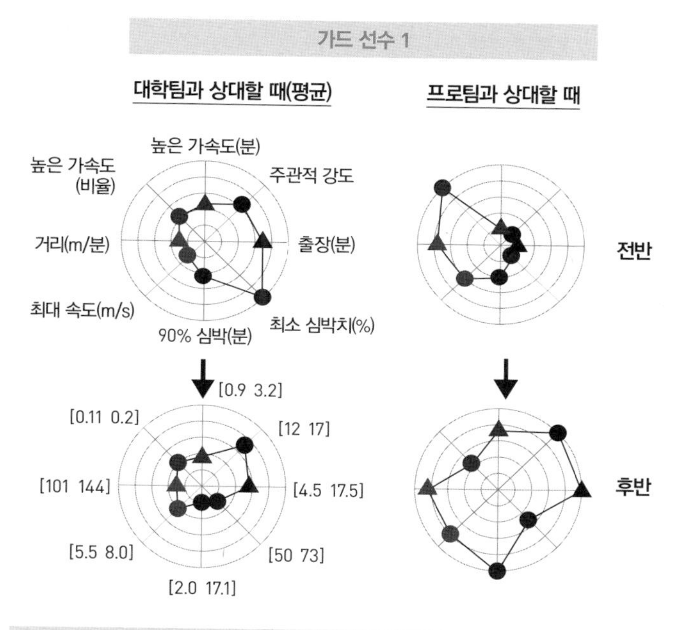

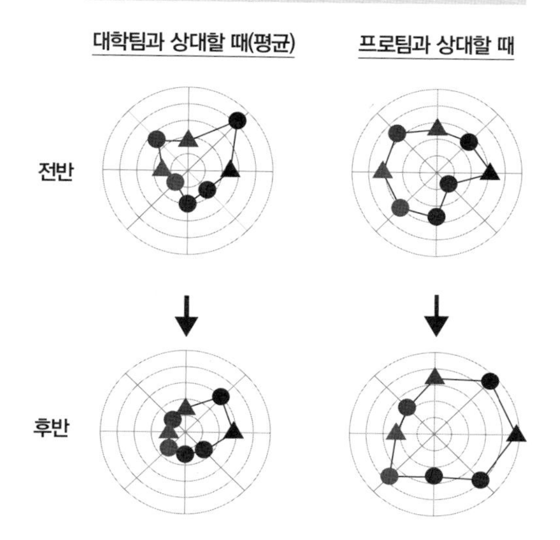

대학팀을 상대한 것은 두 시합의 평균이며, 프로팀을 상대한 것은 한 시합의 데이터다. 위쪽 그림 왼쪽 하단의 대괄호에 들어있는 숫자는 전원에 대한 각 변수의 최솟값과 최댓값을 나타내며, 이것을 기준으로 레이더 차트의 가장 바깥쪽이 최댓값을, 가장 안쪽(의 원주)이 최솟값을 나타내도록 변수를 표준화했다. 세 경기의 합계라 데이터가 적지만, 두 선수 모두 프로를 상대로 한 후반에, 프로를 상대로 한 전반과 대학을 상대로 한 후반에 비해 레이더 차트가 크게 넓어져서 운동·생리적 부하가 많이 증가한 것을 알 수 있다.

그 결과, 전반에는 상대가 프로팀이라도 큰 운동 출력(이동 거리와 속도, 가속도가 크다)이 있었지만, 심박수는 상대의 수준과 관계가 없다는 것을 알 수 있다(123쪽 **그림 상단**). 하지만 시합 후반에는 이동 거리와 속도는 프로팀을 상대로도 높은 수준을 유지했지만, 출장 시간당 높은 가속도(비율)의 빈도는 저하했고, 심박이 최대가 된 후의 최솟값은 증가(심박 회복 저하)한 것을 알 수 있다(123쪽 **그림 하단**).

 연습과 시합에서의 '격한 움직임' 차이가 피로의 원인

강팀과 시합할 때에는 상대를 따라가거나 돌아보게 되는 상황이 많다. 그래서 연습 때보다 빨리 움직여야 하며, 방향을 반대로 바꿔야 하는 경우가 많고 높이 점프하거나 강하게 몸을 부딪쳐야 한다. 그런데도 앞서 계측한 결과를 보면, 이렇게 '격하게 움직인 시간'의 길이가 특히 프로팀과 상대한 시합 후반에는 줄어들었다. 반면에 이동 거리와 스피드는 특별히 저하되지 않은 것을 알 수 있다.

이런 현상의 원인은 아마도 강팀과 격한 플레이를 반복하다 보면 평소의 대시와 풋워크보다 훨씬 강한 강도로 피로해져서 경기 후반에는 평소처럼 플레이할 수 없게 되기 때문이라 추측할 수 있다.

이것은 생리적인 회복도를 보여주는 '심박이 한 번 피크를 기록한 후의 최솟값'이 강팀과의 시합 후반에 내려가지 않았다는 것, 즉 생리적으로 회복하지 못했다는 것으로도 확인할 수 있다. 이에 대한 근본적인 원인은 평소 연습에서 상정했던 움직임의 격한 정도와 실재 시합에서의 강도 사이에 격차가 클 가능성이 있다고 본다.

이 연구에서는 계측한 선수의 수가 적었으므로 앞으로 더 많은 시합에서 측정해보는 것이 필요하다. 하지만 이 연구에서 정량화한 '격하게 움직인 시간'과 '심박이 한 번 피크를 기록한 다음의 최솟값' 등과 같은 지표를 통해 강팀과의 시합을 가정한 연습과 시합의 격렬한 정도를 체크할 수 있었다. 앞으로 연구를 더 진행하면 강한 팀을 이기기 위해 도움이 되는 정보를 얻을 수 있을 것이다.

● 평소보다 지치는 원인

목표하는 스피드에 빨리 도달하는 것과 같이 평소보다 격한 움직임이 필요하다.

➡ 첫 번째 내딛는 스텝과 정지, 방향 반전과 점프를 전력으로 한다.
➡ 평소보다 빠르고, 높고, 강하게 움직여야 한다.

● 피로로 인해 발생하는 현상

특히 경기 후반에 전반 같은 높은 가속도가 나오지 않는다.

➡ 심박 회복이 저하된다.

● 지치지 않기 위해 필요한 것은

연습과 시합의 격한 정도의 차이를 메운다.

➡ 강팀과의 시합을 상정한 격렬한 경기 상황을 평소에도 연습한다.

강팀과의 시합에서는 연습에서 경험하지 못했던 격한 움직임을 반복한다. 그로 인해 평소보다 더 체력을 소모하게 된다.

학교체육과 농구 수업

학교체육에서는 농구를 가르칠 때 '농구·축구·핸드볼 등을 바탕으로 한 간이화된 게임'이나 게임·공 운동·구기에서 보는 '형태의 특성과 예'로 간주한다. 즉, 종목 자체가 지도를 위한 하나의 수단이라는 것이다.

농구를 통해 배우면 좋은 것은 공 다루는 법과 공이 없을 때의 움직임, 서로 커뮤니케이션하면서 경기하는 법 등이다. 특히 공이 없을 때의 움직임은 공을 다루는 종목 전체의 퍼포먼스에 공통점이 많으므로 중요하다. 그런데도 지도하는 내용과 기능의 관계성에 관한 해설은 좀처럼 찾아보기 힘들다.

실제 경기에서는 경기 사이에 퍼포먼스와 전략 등에 관해 팀 동료와 이야기하는 시간이 주어진다. 하지만 학교 현장에서 이를 도입하기 어려운 부분도 있다. 그래서 경기와 팀 대화를 중심으로 한 지도법으로 연구 수업을 했더니, 스스로 생각하고 의견을 제시하도록 지원하는 것이 얼마나 중요한지, 그리고 지도 내용으로 얼마나 유효한지 확인할 수 있었다. 또한 그때 관찰하고 기록한 것을 바탕으로 공을 갖고 있지 않을 때의 움직임도 단계별로 확인할 수 있었다.

이처럼 학교체육에서는 종목에 특화된 지도를 수행하는 코치와 실전을 경험한 선수, 현장 교사 간에 활발한 의사소통으로 경기의 즐거움을 체육 수업에 도입하기 위한 노력이 필요하다.

PART 4

팀 전술의 과학

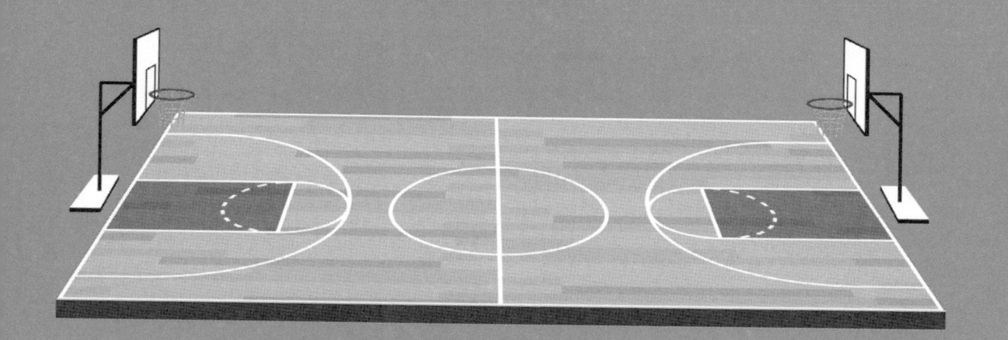

01 속공 성공의 열쇠는 순간적인 상황 판단

효과적이지만 다시 할 수 없는 것이 속공이다

농구의 특징은 공격과 수비의 연속적인 교대, 전개와 전환의 빠르기, 플레이의 스피드 등이다. 특히 속공은 온갖 수비를 뚫고 짧은 시간에 득점을 올릴 수 있는 가장 효과적인 공격법이다.

상대 팀의 실수를 유도해 공을 빼앗았을 때나 상대 팀이 던진 슛의 리바운드를 잡았을 때는 공수가 바뀌게 되는데, 속공에서는 이처럼 공을 소유한 사람이 바뀌는 순간이 가장 중요하다. 이때는 세트 오펜스처럼 플레이나 선택을 제대로 하지 못했어도 다시 할 수 있는 것이 아니므로, 순간적인 상황 판단 능력이 중요하다.

예를 들면 수비 리바운드를 뺏더라도 아웃렛 패스가 잠깐이라도 늦어지거나 주변 선수의 반응과 달리기 시작하는 타이밍 판단이 늦어지면, 상대 선수는 재빨리 돌아가서 수비 태세를 갖추므로 속공을 할 수 없다.

또한 아웃렛 패스로 받은 공을 앞으로 옮기기 위한 패스를 할 때는 우리 편 선수와 수비수의 위치, 거리와 공간 등을 빨리 적절하게 판단하지 않으면, 가로채기 당할 위험이 커진다.

팀 연습에서 모든 상황을 설정하고 트레이닝하기는 어려우므로 주어진 시간 내에 연습할 수 있도록 코칭 포인트를 좁히는 것이 필요하다.

여기서는 속공 시 코트에서 필요한 상황 판단 능력을 훈련하는 방법을 알아보자.

 공격수가 더 많은 상황에서 확실하게 득점하기 위해서는

속공에서 필요한 상황 판단은 다음의 세 가지로 나눌 수 있다.

1. 방어에서 공격으로 전환하는 플레이인 트랜지션 상황
2. 상대 선수의 마크를 벗어나는 플레이 또는 벗어나려는 플레이에 관한 상대와 겨루는 상황
3. 상대의 마크를 벗어난 상태 또는 상대가 돌아가기 전에 수적으로 유리한 아웃넘버 상황

첫 번째, 트랜지션 상황은 공 소유가 바뀐 순간, 수비 대형이 갖춰지기 전에 공격하려는 상황이다. 이것은 '백코트에서 상황 판단'과 '미들 레인으로 진행하는 선수의 상황 판단'으로 나눌 수 있다.

백코트에서는 리바운드부터 아웃렛 패스에 관한 리바운더와 패스리시버의 위치와 상황 파악 등이 필요하며, 공 운반자가 미들 레인으로 진행하는 상황에서는 드리블과 패스를 하는 코스, 최종 플레이어가 누가 될지 예측하는 것 등을 포함한다. 특히 상황을 이해하기 전 단계에서 어떤 선수를 주의해서 플레이할지 결정하는 것이 중요하다.

두 번째, 상대와 겨루는 상황이란 드리블로 공을 이동하면서 수적 우위를 만드는 상황이다. 이것은 슛하기 위한 플레이 상황과 공을 운반하는 선수가 기회를 만드는 상황 판단으로 나눌 수 있다.

예를 들면 백코트에서 프런트코트로 달리면서 수비수의 위치와 태세를 판단하고 자신이 진행해야 할 코스를 결정하거나, 어디에서 공을 받아서 어떻게 슛할지 예측한다. 공 운반자가 직접 슛을 하는 것을 포함하며, 상대의 허점을 파고들어 슛으로 연결하기 위한 패스와 드리블 코스와 방법을 결정하는 것도 포함된다.

이런 상황 판단에서는 프런트코트에서 플레이를 결정하는 것과 프런트코트로 진행한 후 어떤 선수를 주의해야 하는지, 상황을 이해하고 그 후의 플레이를 예측하는 것이 더욱 중요해진다.

세 번째, 아웃넘버는 프런트코트에서 수적 우위를 만들어내는 상황이다. 이것은 '공 소유자의 상황 판단'과 '리시버에 관한 상황 판단'으로 나눌 수 있다. 수비수의 위치와 태세를 보고 공 소유자가 슛하는 플레이어를 선택하는 것과, 노마크인 플레이어가 더 유리한 상황을 만들기 위한 움직임, 우리 편 선수의 노마크 상황을 판단하는 것 등을 포함한다.

프런트코트로 진행한 후의 상황 인식과 슛이나 패스 등의 플레이를 결정하는 것이 가장 중요하며, 팀 내부와 특정 선수 사이에서 일치된 판단이 필요하다. 속공을 연습할 때에는 '백코트에서 공격과 수비의 교체', '달리면서 프런트코트로 침투하기', '슛 지역'을 포함해서 구성하는 것이 바람직하다. 그리고 각각의 상황을 판단할 때에는 공통으로 '코트에서의 위치'와 '공격과 수비 선수의 비율'을 의식하는 것이 중요하다.

이러한 세 가지의 상황 판단은 시계열적으로 각 장면과 관련되어 있으므로 개별적으로 트레이닝할 때는 좀 더 생각해 볼 필요가 있다. 또한 선수에 따라 다른 판단을 할 수 있기 때문에, 팀이 성공하기 위해서는 각 선수의 상황 판단 경향과 플레이의 특징에 관해 코치와 팀 동료가 함께 이해하고 있어야 한다.

남자 선수는 슛 기회를 만들려고 하거나 아웃넘버가 명확하지 않은 상황에서 주로 공격적인 판단을 하는 경향이 있다. 그런 상황에서는 순간적인 지연으로 슛 기회를 놓칠 수 있으므로 적극적인 판단이 필요하다.

여기에서 소개한 상황 판단력은 연습과 시합 경험으로 수준을 높일 수 있다. 다양한 상황 판단 훈련을 위해 트레이닝에 게임이나 AV기기를 도입하는 것도 도움이 될 것이다.

그림1 속공 시 코트 위에서 필요한 상황 판단

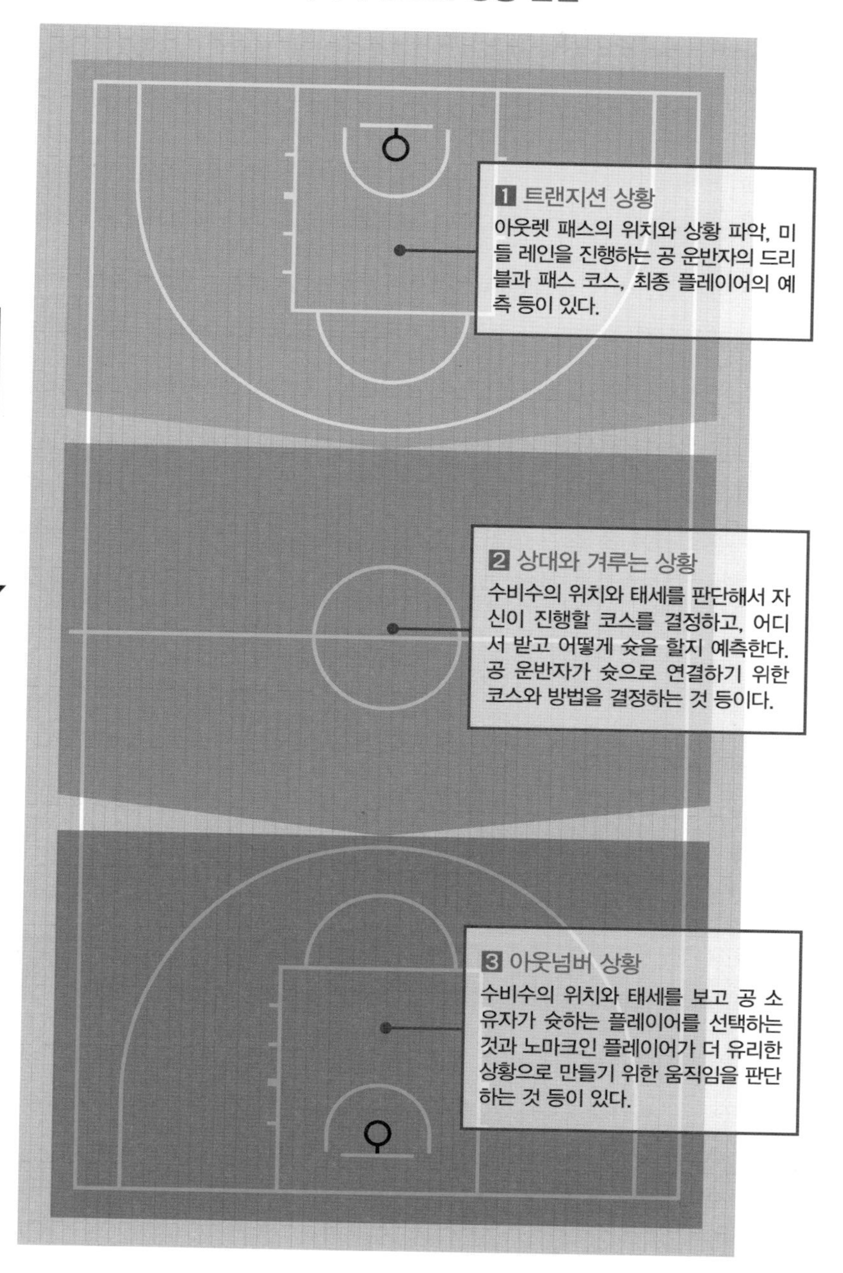

02 픽 앤드 롤로 공격하려면

 스크린플레이의 강점과 약점

스크린플레이는 공격 구조가 다양하고 사용하는 종류와 빈도, 플레이 전개가 다채로워서 수비수가 대응하기 어렵다. 최근 경기에서도 많은 팀이 주요 플레이로 사용하고 있으며, 그중에서도 공 소유자가 볼러가 되는 픽 앤드 롤이 대표적인 플레이다.

픽 앤드 롤로 얻을 수 있는 슛 가능 시간은 약 1.5초 전후라고 한다. 전술로 사용하려면 양 팀의 여러 선수와 공간을 순간적으로 판단하고, 변화하는 상황 속에서 플레이를 선택하여 실행해야 한다. 플레이를 시작하기 전 단계에서 스크리너가 공 소유자에게 다가가서 세팅하기 때문에 공 소유자의 위험이 커진다는 점, 그리고 단독 드리블과 패스보다 공격 시간이 길어지는 것도 주의해야 한다. 시간이 걸리는 만큼 공격 성공률이 낮아지므로 플레이어의 협조가 필요하며, 순간적으로 해야 할 플레이를 잘 선택해서 행동을 전개하는 것이 중요하다.

 스크린플레이할 때의 상황 판단 기준은

스크린플레이에서는 스크린 세팅을 통해 수비 시프트 체인지와 포지션 체인지 등이 이루어지며, 공격수와 수비수의 위치 관계에 맞춰서 공격수(주로 볼러)가 행동을 선택하고 수비수가 그것에 대응하는 시계열적인 공격과 방어의 흐름이 있다.

스크린을 걸거나 걸려고 하면, 스크리너 수비수가 볼러의 반대쪽이나 골대 방향 등으로 이동하는 것과 동시에 볼러 수비수의 선택지를 줄이기 위해 시프트 체인지 등을 한다. 이때 스크리너 수비수와 볼러 수비수의 움직임 조합에 대응하기 위해 어떤 공격 전술을 선택하느냐가 성패의 열쇠가 된다. 스크린이 세팅되면 수비수는 공격수의 선택지를 줄이기 위해 포지션 체인지와 시프트 체인지를 시행해서 대응할 준비가 되어있음을 보여주는 것이 효과적이므로, 최근에는 이런 대응이 주류를 이룬다.

스크리너 수비수의 대응법을 '볼러의 반대쪽'이나 '골대 방향'으로 이동하거나, '스크리너에게서 떨어지지 않는다' 등으로 분류하고, 볼러 수비수가 시프트 체인지 등의 동작을 '한다' 또는 '하지 않는다'로 분류해서 각 조합에 대응하는 효과적인 방법을 생각해보자(134쪽 **그림**1). '볼러의 반대쪽'으로 이동하는 것과 동작을 '한다'는 것은 수비수가 어느 정도 준비가 되어 있다는 뜻이므로, 공 소유자는 기회를 엿보면서 다른 선수에게 패스해서 플레이를 전개하는 것이 효과적일 때가 많다(134쪽 **그림**2).

스크리너 수비수가 '골대 방향으로 이동한 경우'에는 수비수의 동작과 관계없이 볼러는 골대 방향으로 공격적인 드라이브를 하는 것이 가장 효과적이다. 스크리너 수비수와 볼러 사이에는 넓은 공간이 있어서 대응이 늦어지기 때문이다. 스크리너 수비수의 대응에 따라 스톱 슛이나 픽 앤드 롤로 슛으로 연결할 수도 있다(135쪽 **그림**3). '스크리너에게서 떨어지지 않는다'와 동작을 '한다'의 경우는, 공격적인 드라이브로 스톱 슛이나 픽 앤드 롤, 킥 아웃 등을 노릴 수 있다. 또는 드리블로 조금씩 이동하면서 수비수의 상황을 보고 그에 대응해 공격 방법을 선택한다(135쪽 **그림**4).

픽 앤드 롤은 2~3명 이상의 선수가 협력해서 공격하는 플레이로, 볼러와 스크리너로 역할을 나눠서 연습하기는 어려우므로 다양한 상황의 기술을 익힌 후에 연습하는 것이 필요하다.

그림1 스크린 세팅 시의 스크리너 수비수와 볼러 수비수의 대응

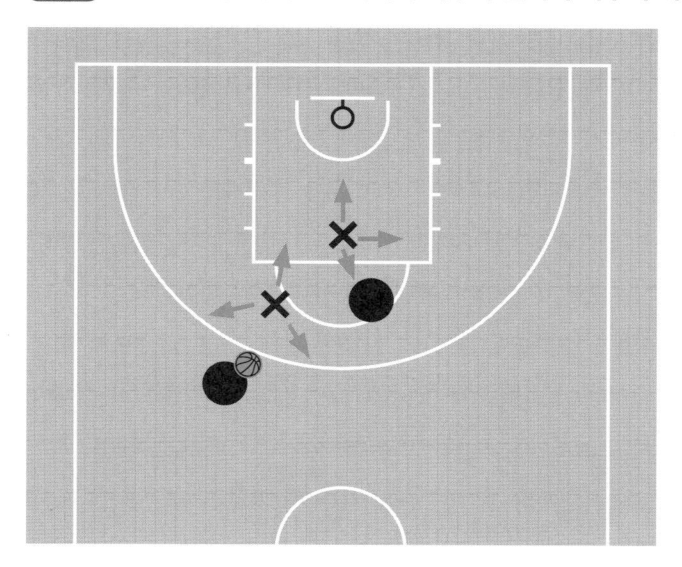

그림2 스크리너 수비수가 볼러의 반대쪽으로 이동하고 볼러 수비수가 행동을 한 상황

그림3 스크리너 수비수가 골대 방향으로 이동한 상황

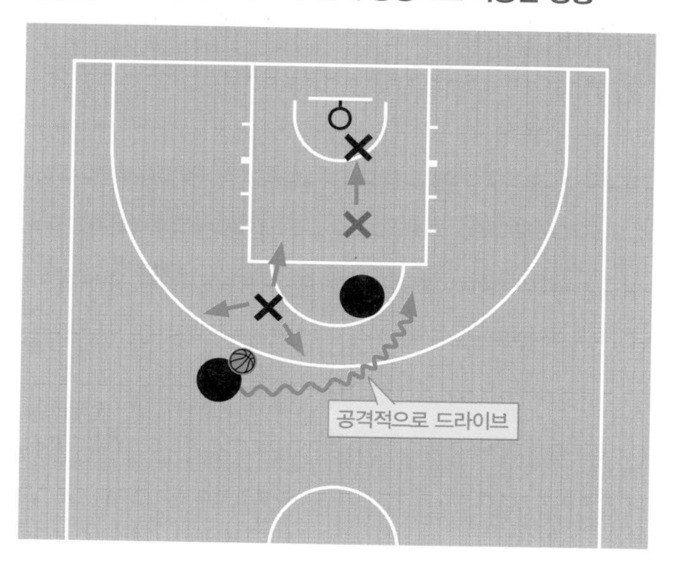

그림4 스크리너 수비수가 스크리너로부터 떨어지지 않는 상황에서 볼러 수비수가 행동을 한 상황

● 공격수 ✕ 수비수 ◀— 사람의 움직임 ◀〰 드리블 ◀- - 패스

공을 가졌다면 어떻게 플레이해야 할까

 슛, 드리블, 패스의 우선순위는 팀 전술에 따라 판단한다

농구에서 공격 전술은 개인 전술, 그룹 전술, 팀 전술로 구분하며, 공격의 기초적인 플레이는 크게 개인 플레이와 콤비네이션 플레이로 나눌 수 있다.

개인 플레이(1대1) 상황에 있는 공격수의 목적은 더욱 성공 확률이 높은 슛을 하기 위해 수비수와의 대응 관계를 무너뜨리는 것이다.

개인적인 전술과 기술은 서로 영향을 미치므로, 이를 바탕으로 경기 상황을 인식하고 적절한 움직임으로 해결하는 능력을 익히는 것이 중요하다.

예를 들면, 슈터에게 '열린 공간'이란 슈팅 동작을 취할 수 있는 최적한의 공간이다. 선수가 그 공간을 확보하면 상대 수비수가 눈앞에 있어도 슛을 할 수 있다.

공격수는 관찰과 행동 결단이 필요하며, 경기 상황에 맞는 전술(기술)을 선택해야 한다. 그러기 위해서는 우선 잘 보고, 인식하고, 예측하여 실천하기 위한 연습이 필요하다.

특히 개인적인 공격 상황에서는 다음과 같은 세 가지 판단이 중요하다.

1. 공을 소유한 플레이어의 공격적인 플레이 선택
2. 공격 상황을 만들어서 변화에 대응하는 법
3. 방어하고 있는 상태

이 세 가지 중 잘하는 것과 잘하지 못하는 것이 있더라도 각각의 능력을 높이는 연습을 해야 한다.

공을 소유한 상황이라 해도 누구나 슛을 넣을 수 있는 것은 아니므로, 개인적인 공격 행동에서 가장 중요한 것은 패스라고 할 수 있다.

하지만 드리블과 패스 양쪽을 할 수 있을 때 ① 언제라도 패스가 우선인지 ② 슛, 패스, 드리블 중 슛의 우선순위가 높은지 ③ 대치 상태를 무너뜨리기 위해 드리블을 하면서 상황에 따라 페인트가 필요한지는 코치의 지도 방식에 따라 달라진다.

어떤 경기를 진행하더라도 무엇을 우선시할지는 지도자의 전술을 바탕으로 판단해야 승리하는 플레이를 할 수 있을 것이다.

성공 확률이 높은 슛으로 연결하기 위해서는

슛으로 연결하기 위한 플레이는 공을 소유했을 때 이미 프리 상태가 되어 있는 경우와, 공 소유자가 직접 드리블이나 풋워크 등으로 프리 상태가 되도록 플레이하는 경우가 있다.

1 이미 프리 상태일 때

① 슛 또는 드리블을 해서 골대 가까이 가거나 ② 프리 상태에서 슛 ③ 비어있는 우리 편에게 패스 중 어느 것을 선택할지 순간적으로 판단해서 실행해야 한다.

2 드리블이나 풋워크 등으로 프리 상태가 되기 위해 플레이할 때

자신이 갖고 있는 기술을 구사해서 상대의 마크를 벗어난다. 그리고 동시에 슛하거나 우리 편에게 패스해서 슛이 가능한지를 판단해야 한다.

공을 갖게 되면 무조건 공격하는 것이 최선은 아니다. 공을 소유하고 플레이할 때까지 시간이 걸리면 수비 측에서도 준비하므로 상황이 더 어려워질 수 있다.

이에 대처하려면 기술뿐만 아니라 그 상황에서 공격적인 플레이를 할 수 있을지 순간적으로 판단해서 플레이해야 한다. 팀의 효과적인 공격이 가능할지는 이 판단이 열쇠가 된다.

슛의 성패와 관련된 요인과 질적인 경향을 알아둔다

농구에서는 슛 성공률이 득점력의 지표가 된다. 그래서 플레이어는 더 유리한 상황에서 슛을 하고 싶어한다. 또한 슛의 성공과 실패는 상대 수비수의 행동과 슛하기 전 플레이의 영향을 받으므로, 슛의 성패에 영향을 주는 요인을 알아두는 것은 매우 중요하다.

이러한 요인으로는 ① 림까지의 거리 ② 림으로의 방향 ③ 스크린플레이 여부 ④ 수비수와의 간격 ⑤ 수비수의 압박 여부와 수준 ⑥ 당한 파울 유무의 영향이 크다고 알려져 있다. 그러므로 이런 항목을 기준으로 해서 시합 중에 슛을 어떻게 할지 판단해보자.

시합 중 슛의 질적인 경향을 아는 것도 중요하다. 이것은 단순히 '성공 횟수가 많다'던가 '성공률이 높다'와 같은 지표가 아니라, 쉬운 상황에서 슛이 많은지, 어려운 상황에서 슛이 많은지를 따지는 것이다.

그리고 선수가 하는 슛의 질적인 경향과 각 슛 상황에서의 성공률을 기록해가면, 시합 중의 슛 능력과 슛 상황의 판단력도 평가할 수 있다.

예를 들어 '간단한 슛도 어려운 슛도 모두 성공률이 높다', '어려운 슛의 성공률은 낮지만, 간단한 슛의 성공률은 높다', '어려운 슛의 성공률은 높지만, 간단한 슛의 성공률은 낮다' 등의 특징을 파악할 수 있다.

각 선수의 특징을 이해하면 팀은 더 효과적으로 선수를 배치하고 전략을 세울 수 있다.

농구는 슛 횟수가 많고 코트 위 선수 간의 거리와 공의 이동 거리가 짧고 빠르다는 특징이 있다. 그리고 플레이를 방해하는 상대가 있으므로 경기 상황은 어지러울 정도로 빨리 변화한다.

이에 대처하는 방법을 앞서 소개한 내용을 중심으로 정리해보면 다음과 같다.

① 플레이의 우선순위를 팀 전술에 따라 판단한다.

② 더 확률이 높은 슛으로 연결하는 플레이와 상황 판단을 한다.

③ 플레이어마다 슛 성공률과 질적인 경향을 파악해서 전술에 반영한다.

04 시합의 흐름을 잡아서 승리한다

상황을 변화시키는 시합의 흐름

복잡하고 다양한 농구 경기 상황을 분석해서 승패의 원인과 결과의 관계를 특정하려는 시도는 많이 이루어져 왔다. 이처럼 승패 요인을 객관화하려는 시도의 목적은 주관에 좌우되지 않는 공통 기준을 바탕으로 '상황을 변화시키는 요인'을 법칙적으로 파악하려는 것이다.

관찰자와 분석자의 역량에 좌우되지 않고 설득력 있는 개인의 경기력 지표를 제공할 수 있다면, 팀의 경기력은 향상되겠지만 그래도 시합에서 이길 수 있을지는 알 수 없다.

이런 이유로 팀 특유의 승패 요인과 승패를 나누는 기준치를 규명하는 연구도 이루어져 왔으며, 1999년에 FIBA가 경기 시간을 10분씩 4쿼터제로 변경한 것은 상황을 변화시키는 요인을 검증하는 데 박차를 가하는 결과를 가져왔다.

왜냐하면 쿼터제는 농구의 승패가 시간에 의해 좌우된다는 사실을 한층 두드러지게 해서 10분마다 나뉘는 팀 전술의 중요성이 훨씬 더 커졌기 때문이다.

이러한 중요성에 주목한 연구에서는 어떤 특정 쿼터와 시간대가 시합의 승리에 적지 않은 영향을 미친다는 것을 밝혀냈다. 하지만 40분이라는 경기 시간을 10분인 쿼터가 사슬처럼 이어진 기계적인 결합으로 파악하거나, 각 쿼터와 시간대의 단순한 서열화로 일관하고 있었다. 즉, 전체 경기 시간 중 한 부분으로서 각 시간대의 전술이 '상황을 변화시키는 요인'이며,

내용에 따라 시합의 승패가 좌우된다는 이론에 따른 것이었다.

하지만 특정 쿼터나 시간대와 관련해 대책을 마련해도 어디까지나 어떤 부분의 특정 문제에 대한 임시방편에 지나지 않는다. 설령 이 방법이 계속 성공했다고 해도, 최종적인 승패 원인과 결과의 인과관계로 명확히 이어지지 않으므로 오히려 팀에 혼란을 초래하는 요인이 될 수도 있다.

이런 혼란을 불식하기 위해 네 개 쿼터 각각의 역할과 승패의 관계를 법칙적으로 파악해서 실천하는 방법을 보여주는 게 필요하다. 이는 상황을 변화시키는 요인을 과학적이고 실용적으로 이해하는 데 불가피한 작업이라 할 수 있다. 또한 상황을 변화시키는 요인으로서 중시해야 하는 '시합의 흐름'에 관한 공통 척도를 분명히 하는 것을 의미한다.

그림1 시합의 흐름

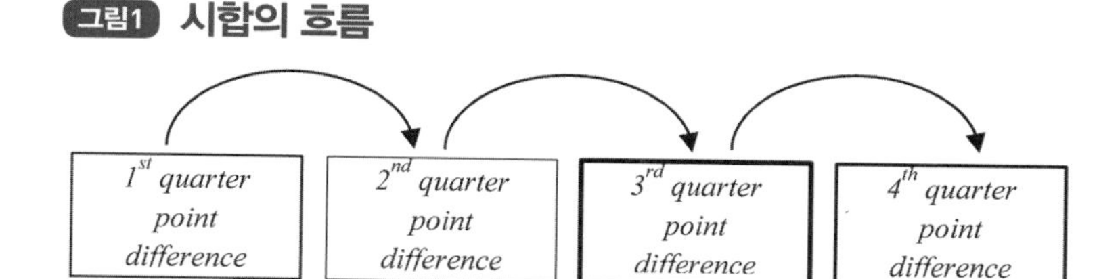

각 쿼터가 가진 의미는

농구에서 40분의 경기 시간은 10분이라는 시간으로 구분된 네 개의 쿼터(※)로 구성되어 있다. 하지만 각 쿼터는 단순히 부분으로 함께 존재하는 것이 아니라, 각각 서로 영향을 미친다고 이해하는 것이 게임에서 승리하

※쿼터: 국제농구연맹(FIBA)은 2018년 10월 1일부터 당시까지의 '피리어드'를 '쿼터'로 변경했고, 한국농구연맹(KBL)에서는 1997년 리그에 쿼터제를 도입했다. 일본농구협회(JBA)는 2019년도부터 '쿼터'라는 용어를 사용하기 시작했다. 참고문헌에서는 '피리어드'를 사용했지만, 양쪽 모두 10분이라는 시간은 같으므로, 여기서는 '쿼터'라고 표기했다.

는 데 매우 중요한 의미가 있다. 10분이라는 시간 구분으로 이루어진 네 개의 쿼터가 서로 영향을 미치면서 진행되는 것을 '시합의 흐름'이라고 표현한다면, 이런 흐름은 승패와 밀접하게 관련되어 있기 때문이다.

여기서는 시합의 흐름과 승패의 인과관계를 ① 쿼터별 중요도 ② 쿼터 간 상호 의존 관계 ③ 누적 득점 차이와 승패의 관계라는 세 가지 관점에서 살펴보기로 한다.

먼저 쿼터별 중요도에 관해서 생각했을 때 시합 승리에 중요한 역할을 하는 쿼터가 있을까?

실제로 네 개의 쿼터 중 특별히 중요시하는 쿼터가 있다. 결론부터 말하면 최종 득실점 차이가 19점 이하든 20점 이상이든 1, 3, 4쿼터가 승패에 영향을 미친다고 할 수 있다. 그리고 2쿼터도 포함하면 각 쿼터의 중요도는 3→1→4→2의 순서다.

쿼터 간 상호 의존 관계는 1쿼터 → 2쿼터(누적), 2쿼터(누적) → 3쿼터(누적), 3쿼터(누적) → 4쿼터이며, 시계열적으로 선행하는 쿼터의 득실점 차이는 다음 쿼터에 '계기'로 작용한다. 특히, 3쿼터(누적) → 승패 및 4쿼터 → 승패는 인과의 연쇄가 강해서 승패에 큰 영향을 미친다(141쪽 **그림**1).

누적 득점 차이와 승패의 관계에 관해서는 앞의 3쿼터(누적) → 승패 및 4쿼터 → 승패의 상호 의존 관계에서 3쿼터까지의 누적 득실점 차이가 8점 이내라면 4쿼터의 전술에 따라 승패가 정해진다.

이것은 3쿼터 종료 시점까지의 누적 득점 차이가 8점 이내라면, 9점 차 이상인 경우보다 역전 가능성이 크다는 의미다. 이런 결과는 각 쿼터를 독립된 것으로 보고, 한 시합 안에 10분짜리 미니 게임을 네 번 한다는 단순한 덧셈으로 생각한다면 농구에서 시합의 흐름을 파악할 수 없다는 것을 의미한다.

시합의 흐름을 이해하면 경기 방법과 연습이 변한다

이미 알려진 대로 농구는 룰을 개정할 때마다 경기 진행이 빨라진다. 템포가 빠른 경기 전개로 운동 강도가 매우 높아서 다섯 명의 선수만으로 40분을 뛰는 것은 쉽지 않다. 그래서 시합 중에 주력 선수를 쉬게 하는 시간대가 필요하다.

실제로 주전들은 시합에서 중요하다고 생각하는 1쿼터 시작 때 출장하는 경우가 많기 때문에, 2쿼터는 주전을 쉬게 하는 시간대가 된다. 따라서 2쿼터는 승패를 예측하는데 의미 있는 쿼터가 될 수 없다고 할 수 있다. 즉, 시합의 대세를 결정하는 것은 상대하는 팀 주전들의 컨디션에 달려있으며, 그들이 별로 출장하지 않는 쿼터는 비교적 게임 승패에서 중요하지 않다는 것이다.

한편 최종 득실점 차이가 20점 이상이었던 시합에서는 1쿼터의 득실점 차이가 승패에 영향을 미치는 요인이라 할 수 있다. 이런 결과는 최종 점수 차이가 팽팽하게 유지되는 시합과 득실점 차이가 크게 벌어진 시합에서 승패의 갈림길이 되는 쿼터가 서로 다르다는 것을 의미한다.

경기를 하다 보면 특정한 여러 장면에서 연속 득실점에 의해 시합의 흐름이나 경기의 주도권이 바뀌기도 한다. 하지만 이것은 어떤 시합이나 어느 쿼터에서도 반드시 적용되는 것은 아니므로 우연성의 요소가 포함된다. 이와 달리 네 개의 쿼터는 구성 규칙에 따라 명시되어 있고, 늘 같은 조건이므로 우연성에 좌우되지 않는다.

시합의 흐름을 이해하고 있으면 승부에서 중요한 장면을 앞두고 주력 선수를 쉬게 하는 것과 3쿼터까지의 전술이 중요해지므로 시합에서 코칭에 더 효과적일 수 있다. 뿐만 아니라 매일 실시하는 훈련의 질도 달라질 수 있을 것이다.

05 팀 전술의 세 가지 요인과 요소

 팀 전술에는 원리가 있다

농구의 팀 전술은 다섯 명의 움직임에 의한 다양한 형태로 이루어져 있다. 팀 전술에는 시대나 문화 또는 수준과 상관없이 팀 전술을 지탱하는 원리가 존재한다.

예를 들자면 1980년대에 NBA를 석권한 가장 인기 있었던 6가지 공격 방법인 스택 앤드 호크, 셔플, 플렉스 콘티뉴이티, UCLA 하이 포스트, 패싱 게임, 트라이앵글 오펜스(**그림**1), 오늘날 시합에서 가장 많이 사용하는 세트 플레이인 1990년대의 혼 오펜스, 베이스 크로스, 파워, 지퍼, 미드 스크린, 사이드 스크린(**그림**2) 등이 있다.

그 원리가 기본에서부터 적용되어 있다면 경기의 성패를 팀 전원이 공유하며 확인할 수 있고, 새로운 팀 전술을 만들거나 스카우팅할 때 활용할 수 있다.

 팀 전술을 지탱하는 세 가지 원리

팀 전술을 지탱하는 원리에 대해 더 자세히 알아보자.

1 시간

팀 전술을 공격 관점에서 파악하면 ① 재빨리 돌아가려고 하는 수비수보다 더 빨리 공격 측의 사람과 공이 전진하는 '패스트브레이크(FB)' ② 상대

그림1 1980년대를 대표하는 세트 플레이

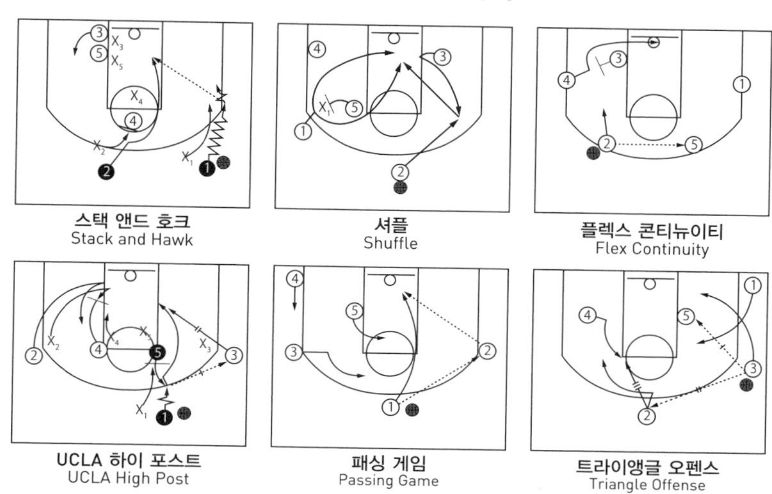

그림2 1990년대를 대표하는 세트 플레이

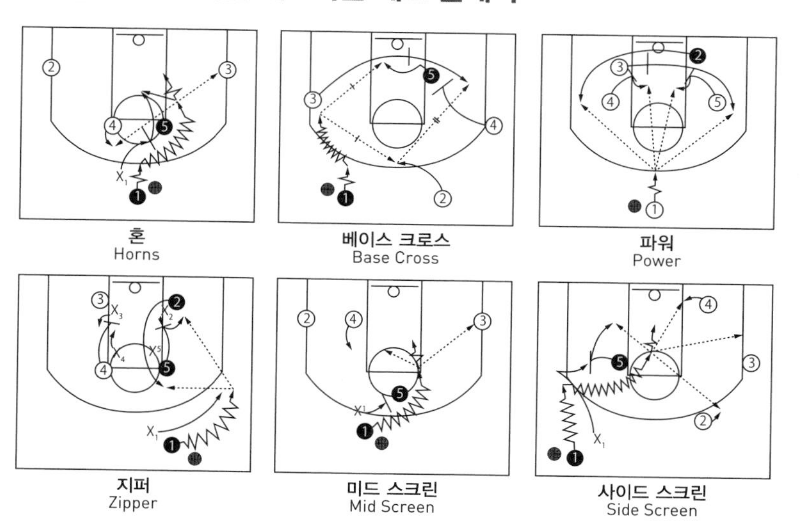

수비 체제가 갖춰지고 나서 공격하는 '세트 오펜스(SO)', ③ ①로 득점하지 못했을 때 ②로 옮겨가기 전에 계속 공격을 전개하는 '얼리 오펜스(EO)'라고 하는 세 단계가 있다. 그리고 이것들을 '시간'이라는 시점에서 봤을 때, ① 3~5초 ② 5~10초 ③ 13초 이내라면 성공할 확률이 높다고도 알려져 있다.

따라서 공격 시간은 최대로 길게 잡아서 13초 이내에 끝내는 것을 목표로 하면서, 앞서 소개한 세 가지에 ④ FB→EO ⑤ FB→SO ⑥ EO→SO ⑦ FB→EO→SO라는 네 가지 패턴을 더한 일곱 가지 패턴이 나타난다.

2 공간

팀 전술을 생각할 때 중요한 것은 '지금 여기에' 있는 10명의 선수가 차지하는 단순한 코트 위의 위치가 아니라, 어떤 순간에 10명이 차지하는 공간, 더 정확하게 말하면 전술적 위치다. 특히 공격에서는 골대가 머리 위에 놓여있다는 것과 코트 위의 공간은 균일한 성질이 아니며 전술상의 우선순위에 의해 규정된다. 달리 말하면 공간의 전술적인 중요도는 골대에서의 거리에 반비례해서 증가한다는 것이다.

더 구체적으로 보면 ① 골대 부근 ② 포스트 ③ 페리미터 ④ 3점슛 라인 밖이라는 우선순위가 존재한다. 스트레치4와 스트레치5 등 최근에는 장신 플레이어가 ④에서 슛을 노리는 장면도 많이 볼 수 있는데, 어떤 시대에서든 어떤 수준이든 이 순위는 보편적이다.

왜 그럴까? 팀 간 신장 차이와 득점 비율에는 높은 상관관계가 있기 때문이다. 지금까지, 아마도 앞으로도 장신 선수를 보유해서 팀의 대형화를 꾀하는 것은 이런 이유 때문일 것이다.

3 동적 질서

득점은 결국 개별 선수가 하는 것이다. 하지만 그것을 지탱하는 것은 '동적 질서'라는 요인이다.

이는 다섯 명의 움직임으로 만들어진 '흐름'이 다시 움직이면서 역동적으로 만든 형태로서 계속되고 효력을 발휘하는 시스템으로, 다음과 같은 현상에서 구체적으로 확인할 수 있다.

① 득점하는 방법은 다음과 같은 형태로 이어진다(예를 들면, FB → EO 등). ② 따라서 득점하는 방법은 '흐름'이라는 요소를 빼놓을 수 없다. ③ 흐름에 의해 득점하는 방법은 그 특정한 고유 공간에 우선순위를 바탕으로 존재한다(팀 전술에서 빼놓을 수 없는 연속성은 그것을 통해 만들어진 '흐름'이 지정하는 '시간'에 의해 특정 '공간'을 차지한다). ④ 이 경우, 개인의 존재(포지셔닝)는 공간의 흐름 속에서 우선순위에 의해 특정되는 것이다.

이처럼 팀 전술은 세 가지 요인으로 이루어져 있지만, 간단하게 말해서 공을 재빨리 밀고 나가 흐름을 멈추지 않고 연속으로 공격을 전개한다는 것이다.

이러한 원리에서 예를 들자면, 장신 선수가 없는 팀에서는 '확률이 높은 3점슛을 중심으로 재빠른 공격을 전개해 장신 선수가 있는 골대 근처에서 신장과 체격 차이나 심리적 압박을 줄여 승리한다'라는 우선순위를 역순으로 하여 경기를 구상해볼 수 있다.

농구 이야기 5

남녀의 차이는 방향 전환

농구에서는 재빨리 동작을 전환할 수 있는 능력이 매우 중요하다. 그중에서도 직선으로 달리다가 180도 방향을 바꿔서 달리는 전환 동작에 관해 알아보자.

남자 선수는 키가 작을수록 방향 전환이 빠르고, 여자 선수는 키와 방향 전환의 빠르기가 관련이 없다는 연구 결과가 있다. 남자 선수는 키가 작을수록 빠른 동작으로 승부할 수 있음을 알 수 있다.

일반적인 남녀의 차이를 보면, 근육량은 남자가 많아서 하체 근력이 중요한 100m 달리기와 같은 직선 달리기의 속도는 남자가 빠르다. 방향을 바꾸는 동작의 빠르기와 하체 근력이 관계있다고 하지만, 방향을 바꾸는 빠르기 자체는 남녀 차이가 없다는 연구 결과도 있다. 여자 선수는 직선 달리기가 빠르지 않아도 방향을 바꾸는 동작의 빠르기를 효율적으로 낭비 없이 사용하여 상대보다 우위에 설 수 있는 것이다.

스포츠는 남성 위주로 발전한 역사가 있기에 남자 선수의 기준을 여자 선수에게도 그대로 적용할 때가 많다. 하지만 남녀의 움직임이 각각 다르므로 지도자는 그 특징을 잘 파악해서 훈련에 적용해야 한다.

PART 5

피지컬 & 멘털의 과학

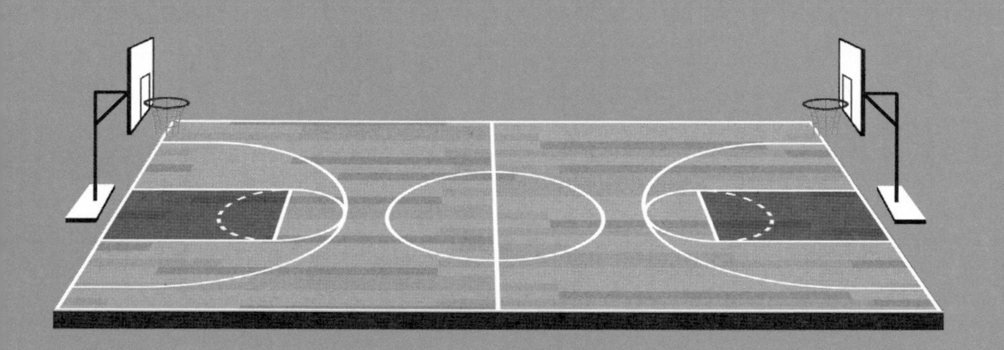

농구 퍼포먼스 향상을 위한 트레이닝

트레이닝의 요소와 관계

퍼포먼스 향상을 위한 트레이닝은 여러 요소로 구성되어 있으며, 복잡하게 이어져 서로 영향을 주면서 가장 좋은 성과를 만들어낸다.

트레이닝이란 스포츠 퍼포먼스를 향상하는 여러 행위와 사고를 말하며, 크게는 '체력'과 '기능'으로 나눈다. 여기서는 트레이닝의 개념과 실시할 때의 사이클에 관해 알아보자.

그림1과 같이 모든 사람의 공통된 신체 구조로부터 트레이닝을 생각하는 것은 관계된 여러 요소를 이해하고 서로 연관짓는 데 도움이 된다. 그럼처럼 트레이닝을 체력적인 것과 기능적인 것으로 나누고, 평소 나의 트레이닝이 어디에 속하는지 생각해보자.

그림2는 트레이닝에서 시행하는 다양한 운동 요소를 네 가지로 분류하고, 그 관계성을 보여준다. 퍼포먼스를 향상하는 트레이닝은 체력적 요소를 바탕으로 쌓아 올라가는 피라미드 형태로, 각 요소의 중요성과 비율은 경기 종목마다 다르지만 기능이나 전술은 체력을 뛰어넘을 수 없다는 것과 멘털(루틴, 집중, 동기, 사고방식 등 심리적 요소)만 강조해서도 성립할 수 없다는 것을 의미한다.

스포츠 퍼포먼스를 향상하려면 많은 요소로 이루어진 체력적인 면을 충실하게 갖추는 것이 중요하며, 체력과 멘털을 동시에 끌어올릴 수 있어야 한다. 152쪽의 **그림**3은 체력 트레이닝을 세 가지로 분류하고, 각각에 해당하는 종목들을 보여준다.

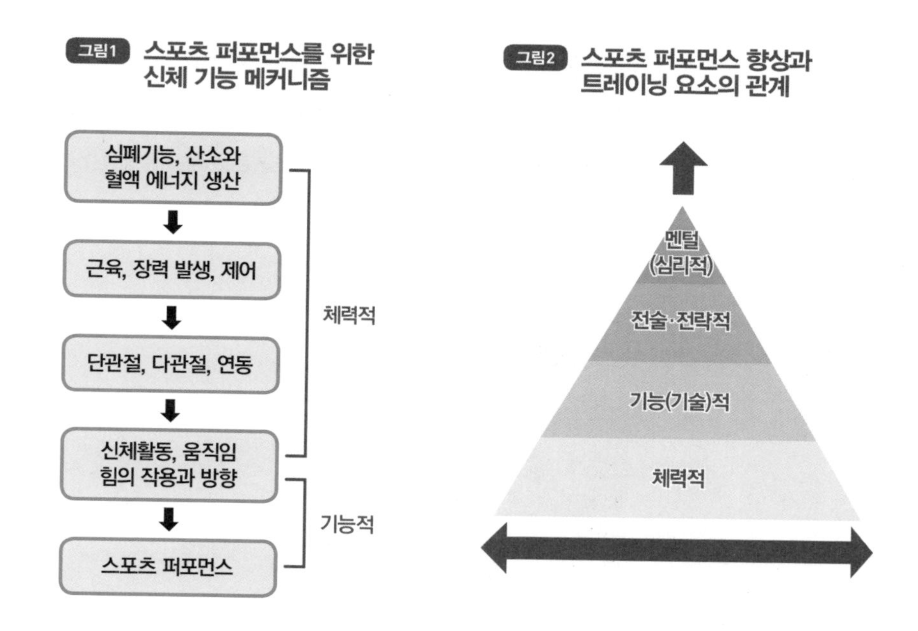

구기 종목을 운동 구조적으로 보면 농구를 포함하는 공수 혼합형(골형), 공수 분리형(네트형), 공수 교대형(야구형)으로 분류할 수 있다. 운동 특성 면에서는 스피드·근력계, 제어계, 지구력계로 구분하며 퍼포먼스에 필요한 근력 발휘 양상과 형식은 서로 다르다. 따라서 각 요소의 중요성을 파악하고 균형 있게 기초를 다지는 것이 중요하다. 전문적인 능력은 최고 수준에 올라가야 드러나는 것이므로, 청소년기에는 높은 수준의 기술을 수행할 수 있는 체력과 운동 능력을 기르는 것이 필요하다.

효과적인 트레이닝을 위해서는

체력의 전문적 측면과 구기 종목에서 공통적인 요소의 관계를 **그림**4에 소개했다. 각 퍼포먼스는 기능·전술적 요소와 밀접하게 연결되어 있어서 선수의 운동 경험과 근력 발휘를 최적화하는 조정력, 운동과 운동 방법에 대한 선수의 이해 정도에 따라 달라진다. 그러므로 트레이닝을 지도할 때에는 먼저 직접지도인지 집단지도인지, 전습법인지 분습법인지, 공동인지 페어인지 등 지도 형식과 시행 방법을 선택해야 한다.

그림3 체력 트레이닝의 종류와 관계

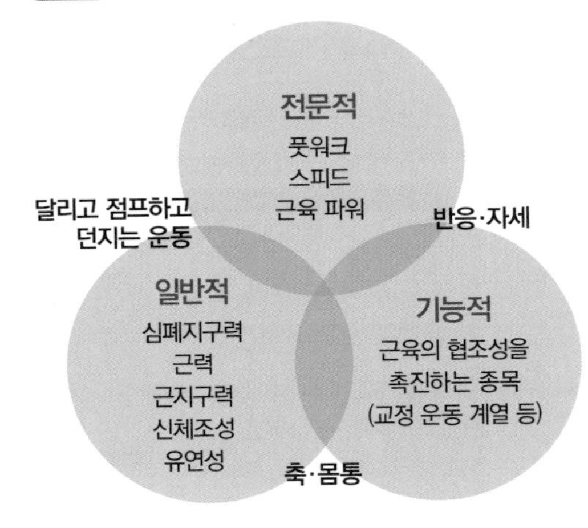

그림4 구기 종목의 트레이닝 체계

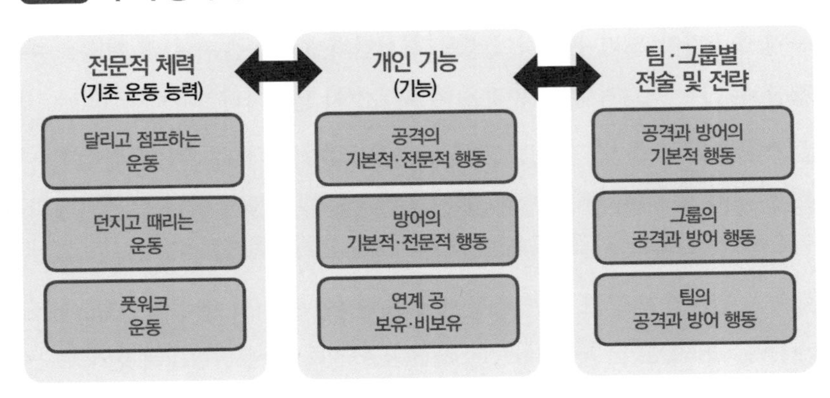

표1은 트레이닝 실천을 위한 PDCA 사이클(트레이닝 버전)이다. Plan(계획), Do(실행), Check(측정·평가), Action(대책·개선)이라는 가설·검증형 프로세스의 순환을 통해 매니지먼트 품질을 높인다는 의미로, 1950년대 품질관리의 아버지라 불리는 에드워트 데밍Edward Deming이 주창한 프레임워크다. 이 사고방법은 트레이닝 상황에도 응용할 수 있으며, 흔히 스포츠에서 '만약에'라는 가정은 의미 없다고 하지만, PDCA의 C, 즉 과정의 평가와 반성을 통해 가설을 세울 때 중요하다.

트레이닝에서는 지도 방법과 성과를 개인과 팀 측면으로 생각하고 과정을 순환하면서 목표 실현을 향해 나아가야 할 것이다.

표1 트레이닝의 PDCA 사이클

P	트레이닝 계획	기분, 빈도, 피로·회복관계, 효과 발생	
		초장기적	어릴 때부터 은퇴할 때까지
		장기	올림픽 주기
		중장기	반기·연간, 졸업
		초단기·단기	하루·주·몇 주 단위
D	트레이닝 실천	코칭	신체 작업 능력 향상, 이론적 사고능력 향상
		육성	인간관계 구축
		매니지먼트	트레이닝과 직접 이어지지 않는 행동
	시합	시합 날의 행동, 시합에 접근하는 방법	
C	평가·반성	결과, 성과, 일지, 컨트롤 테스트, 진단	
		요인 분석	원인과 요인 추출, 검증, 비교
A	가설	지도와 성과의 관련성	
	목표·과제 설정	계획·실천의 수정, 재설정	
	트레이닝 준비	무엇을 할지 선택한다 (실천적·전문적 운동, 일반적 운동, 창의적 운동)	
		어떻게 지도할 것인가, 양식, 조합, 전개, 순서	

농구 선수도 웨이트 트레이닝이 필요할까

 움직임의 원동력은 근육

농구 선수도 웨이트 트레이닝이 필요할까? 이 질문에 바이오메카닉스 관점에서의 대답은 'Yes'다. 왜냐하면 모든 운동의 동력이 되는 근원은 바로 근육이기 때문이다.

농구 시합 중인 선수의 움직임을 생각해보자. 공을 쫓아서 달리고 슛을 쏘거나 멈춰 서기 위해서, 그리고 리바운드를 잡기 위해 점프하고, 패스하려고 공을 던지며, 상대 선수와 자리를 다투기 위해 몸을 부딪친다. 이외에도 여러 동작이 필요하다.

물론 기술이나 전술도 승패를 좌우하지만, 더 빨리 달리기, 더 높이 뛰기, 더 멀리 던지기, 상대 선수와 몸싸움에서 밀리지 않는 체력도 중요한 요인이라 할 수 있다. 웨이트 트레이닝은 이를 달성하기 위한 수단 중 하나다.

모든 동작에서 움직임의 원동력은 근육임을 다시 한번 기억하자. 우리가 보는 전신 동작은 온몸의 관절 각도를 변화시켜 만들어진다(**그림**1).

관절의 각도 변화는 기본적으로 관절 주변에 있는 근육이 힘을 발휘해서 일어난다. 그러므로 빠르게 움직이려면 근육이 발휘하는 힘을 크게 해서 관절의 움직임을 가속해야 한다. 또한 빨리 달리고 높이 뛰려면 지면을 강하게 박차야 하는데, 지면을 강하게 차려면 동력원으로 하체의 신전근군을 활용한다. 특히 몸이 큰 선수는 체중도 무거워지므로 몸이 작은 선수처럼 움직이려면 더 많은 근력이 필요하다.

그림1 신체 운동이 일어나는 구조

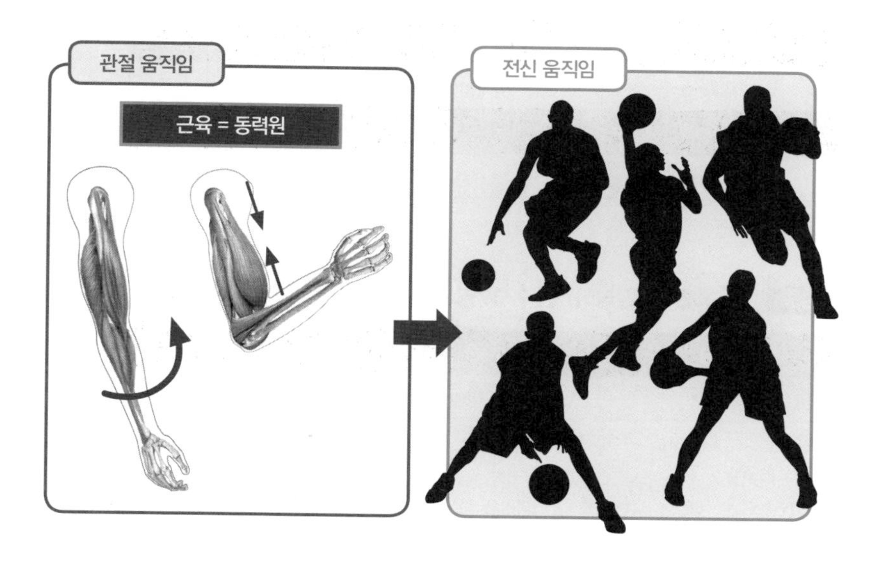

몸집이 커도 높은 도약력을 가지려면

미국 프로농구 NBA의 신인 선수를 대상으로 시행한 2010~2012년 체력 측정 데이터를 살펴보자.

주로 참조한 데이터는 스트렝스 & 어질리티 테스트의 일부인 '서서 수직으로 뛰기'의 도약 높이와 '신체계측 통계'에 있는 신장, 체중 및 체질량 지수다.

NBA 드래프트 콤바인에서는 야드 스틱을 사용해서 도약 높이를 측정한다. 49명 선수의 평균을 정리한 것이 바로 **표**1이다.

표2는 이탈리아 프로축구리그 세리에A에서 공개한 2014~2017 시즌 선수 39명의 데이터(평균값)다.

표1 **NBA 신인 49명에게 시행한 체력측정 평균값(2010~2012)**

신장	체중	체지방률
194.7cm	95.1kg	6.98%
도약 높이	제지방체중의 평균값	
75.1cm	84.0kg	

표2 **세리에A(이탈리아) 선수 39명의 평균 데이터(2014~2017)**

신장	체중	도약 높이
198cm	96.0kg	47.8cm

이탈리아 리그 선수들의 데이터는 도약할 때 팔을 휘두르지 않은 상태로 측정한 것이다. 그리고 NBA에서 이용하는 야드 스틱이 아닌 포스 플레이트라는 시스템을 사용하는데, 이 시스템을 사용하면 도약 높이가 낮게 측정된다.

데이터를 보면 해외 정상급 선수의 경우, 몸집이 커도 제지방체중(≒근육량)을 크게 유지하기 때문에 도약력이 높은 것을 알 수 있다. 제지방체중은 웨이트 트레이닝 등으로 유지할 수 있다.

하지만 선수에게 주어지는 연습 시간은 한정되어 있고, 농구에는 체력과 기술적인 면에서 여러 요소가 필요하다. 그러므로 지도자는 물론 선수들도 트레이닝 계획을 면밀하게 세워 웨이트 트레이닝을 계획적으로 도입해야 한다.

대표적인 웨이트 트레이닝 종목 3가지

위의 3가지 운동을 하면 코어를 비롯해 몸 전체의 근육을 균형 있게 단련할 수 있다.

수면과 퍼포먼스의 관계

 수면 부족이 운동 수행력 저하를 초래한다

수면의 양과 질은 농구뿐만 아니라 많은 신체활동과 운동 수행력에 영향을 미친다. 만약 수면 부족 상태로 농구를 하면 어떻게 될까?

수면 부족과 불면은 관절을 움직이기 위해 발휘하는 힘을 저하한다는 보고가 있다. 그러므로 농구와 같은 전신 운동은 수면 부족 상태에서는 힘을 발휘하기 어렵다고 생각할 수 있다.

또한 만성적인 수면 부족과 트레이닝의 관계를 살펴본 연구 결과, 잠이 부족하면 대사계, 중추신경계, 내분비계, 면역계, 자율신경계 등 생리학적인 컨디션이 악화되고, 피로감 누적과 동기 저하와 같은 심리적인 악영향도 나타날 수 있다. 이들이 복합적으로 영향을 주고받으면서 운동 퍼포먼스와 회복력이 저하되고 부상과 질병의 위험성을 높인다(161쪽 **그림**1).

스마트폰이 보급되면서 매일 밤 SNS를 하는 사람도 많아졌다. 그중에서도 트위터는 NBA 선수를 포함한 많은 유명 선수들도 하고 있다. NBA 선수 112명을 대상으로 밤늦게 깨어있던 선수, 즉 심야에 트윗을 한 경우 다음 날 시합 퍼포먼스에 어떤 영향이 있는지 조사한 연구 결과가 있다.

'심야에 트윗한 경우'와 '하지 않은 경우'로 나누어 다음 날 경기 퍼포먼스를 비교했더니, 심야에 트윗한 경우는 슛 성공률이 1.7%나 감소한 것을 알 수 있었다. 이처럼 수면이 부족하면 다음 날 퍼포먼스가 저하될 수 있음을 명심하자.

적절한 수면시간과 방법은

그렇다면 적절한 수면시간은 어느 정도일까? 일반적으로는 7~9시간 정도가 심리적(학습능력, 학습동기와 기억) 및 신체적(대사, 염증) 회복에 효과적이라고 한다.

미국 대학농구 선수를 대상으로 한 연구에서 평소 수면량인 8시간보다 두 시간 정도 늘려서 10시간으로 3~4주간 계속 유지하게 했다. 그 결과 스프린트 시간이 단축되고 자유투와 3점슛 성공률도 향상된 것을 볼 수 있었다. 이렇게 적절한 수면을 확보하면 농구 퍼포먼스가 향상된다는 것을 알 수 있다.

최근에는 파워 낮잠을 추천한다. 파워 낮잠power nap은 일반적인 수면과 달리 짧은 시간 동안 선잠을 자는 것이다. 짧은 낮잠은 여러 가지 좋은 효과가 있다고 알려져 있다.

최신 연구 결과를 보면 운동과 시합 전에 25~45분 동안 낮잠을 자면, 낮잠을 자지 않은 때보다 5미터 왕복 달리기, 5-점프 테스트(5JT)와 같은 운동 퍼포먼스와 피로감, 스트레스 등의 심리적 컨디션이 개선된다는 보고가 있다. 예를 들어 오전·오후의 2부 연습이 있는 날에 낮잠 시간을 갖는다면 오후 퍼포먼스 향상을 기대할 수 있다.

단, 파워 낮잠은 어디까지나 선잠이므로 너무 오래 자면 깊은 잠(비렘수면)이 들어서 일어나기 힘들어지거나 밤에 잠을 자지 못할 수도 있으므로 주의해야 한다. 효과적인 수면과 낮잠을 위한 체크리스트를 161쪽의 **표1**에 정리했으니 참고해 보자.

앱을 효과적으로 활용한다

수면과 파워 낮잠의 최적 시간은 개인마다 다르다.

그래서 권장하는 방법이 스마트폰이나 웨어러블 디바이스에 탑재할 수 있는 수면 사이클 검출 앱을 활용하는 것이다. 이런 앱은 수면 중의 몸 움직임을 검출해서 잠의 깊이와 상태를 추정하고 수면 습관을 기록해준다. 또한 알람을 설정하면 얕은 수면 타이밍에 기분 좋은 음악으로 깨워주므로 상쾌하게 잠에서 깰 수 있다.

그림1 수면 부족이 신체 퍼포먼스에 미치는 영향 (참고문헌에서 변형해서 인용)
※그림에서 점선 화살표는 '관련될 가능성이 있음'을 나타낸다.

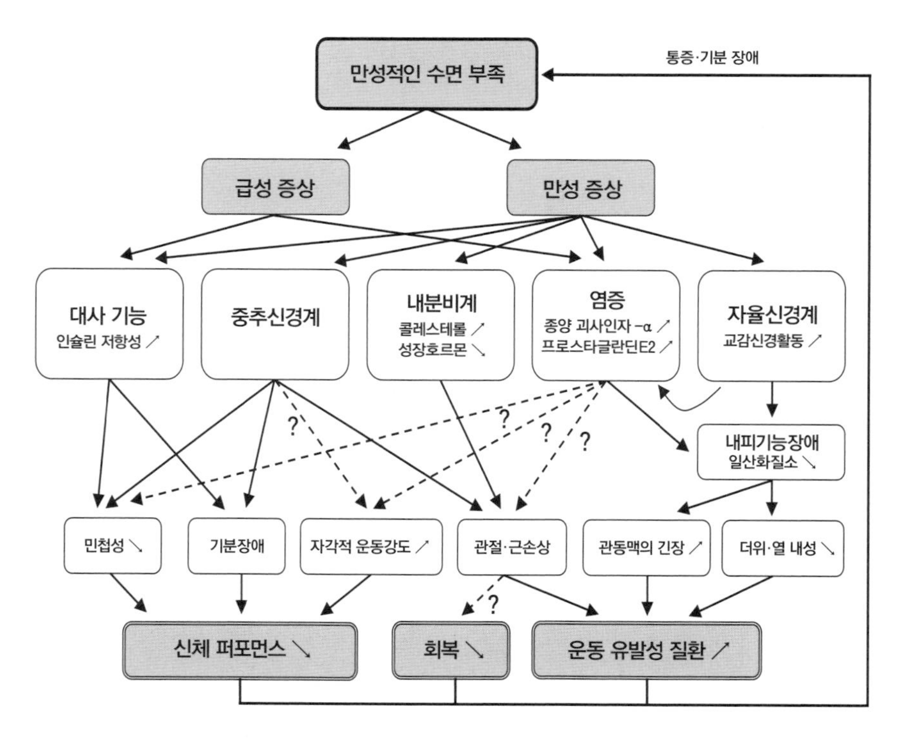

인생의 약 3분의 1을 차지하는 수면시간을 보다 효율적으로 만들고 농구 퍼포먼스를 향상에 도움이 되도록 평소 자신의 수면 습관을 다시 한번 점검해 보자.

표1 수면의 질을 높이기 위한 체크리스트

		체크 항목
통상적인 수면 시	1	침실은 어둡고 광원이 없어야 한다.
	2	침실은 조용한 환경을 만든다.
	3	침실의 적절한 온도를 유지한다.
	4	지나치게 더워지지 않는 침구·의복을 사용한다.
	5	규칙적인 취침·기상 시간을 습관화한다.
	6	7시간 이상 수면한다.
	7	15시 이후에 선잠을 자지 않는다.
	8	자기 전에 카페인이나 음식을 섭취하지 않는다.
	9	자기 전에 PC나 태블릿, TV를 보지 않는다.

		체크 항목
선잠(낮잠) 시	1	부족한 수면을 보충하기 위해 시행한다.
	2	30분 정도가 적절하다.
	3	선잠 전에 카페인을 섭취한다.
	4	밝은 빛 아래에서 일어난다.
	5	일어난 후 바로 얼굴을 씻는다.

04 농구에 필요한 마음가짐은

 트레이닝으로 마음을 강화한다

농구는 높이 3.05m인 공간에 설치된 림에 슛해서 공을 넣어 득점을 겨루는 스포츠다. 슛에 성공하려면 공을 던지는 힘과 각도를 최적인 범위에 넣어야 하며, 여기에는 높은 정확성이 요구된다.

경기 규정에는 28×15m인 코트 안에 10명이 플레이해야 하는 공간 제약, 5·8·24초라는 시간 제약, 트래블링, 더블 드리블과 같은 행동 제약 등 여러 가지 제약이 있다. 이런 제약 안에서 상황에 맞게 재빨리 판단하고, 1점을 다투는 압박 속에서 정확하게 플레이하기 위해서는 높은 심리적 능력이 요구된다. 이것을 흔히 정신력 또는 근성이라는 말로 표현하지만, 구체적인 내용은 잘 알려져 있지 않다.

그렇다면 스포츠, 특히 농구에는 어떤 심리적인 능력이 필요할까?

이 물음에 대한 답을 찾기 위해 스포츠 심리학자들이 여러 스포츠 선수를 대상으로 조사한 바에 의하면, 스포츠 전반에서 그림과 같은 열두 가지 심리적 능력(멘털 스킬)이 필요하다는 것을 알 수 있다(**그림**1). 이를 농구에 적용해보면 특히 자신감, 집중력, 이미지화 능력, 팀워크가 중요하다.

연구에 의하면 이런 멘털 스킬은 트레이닝으로 강화할 수 있다고 알려져 있다. 즉 선수의 심리적 능력은 타고난 재능이 아니라, 다른 농구 스킬(슛, 드리블, 패스 등)과 마찬가지로 트레이닝으로 향상될 수 있다는 것이다.

그림1 스포츠 선수에게 필요한 심리적 경기 능력

도쿠나가 · 하시모토(1988)를 참고로 작성

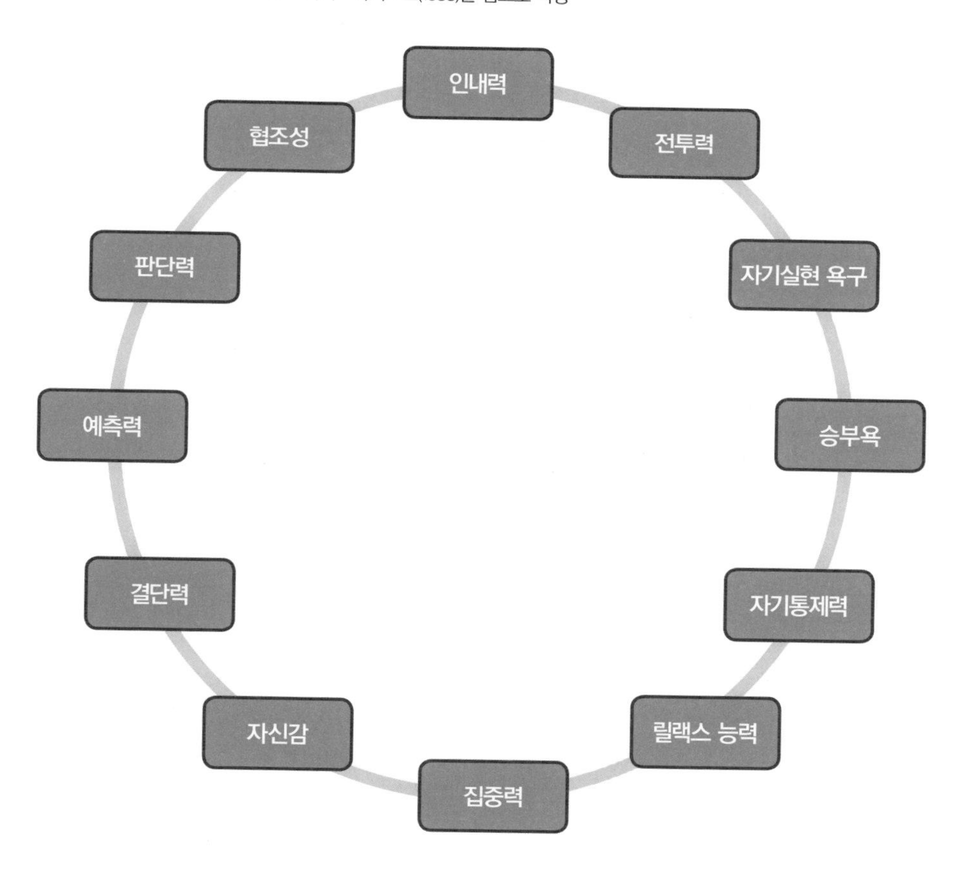

 개인과 팀의 멘털 스킬을 높인다

그렇다면 멘털 스킬을 강화하기 위해서는 어떤 트레이닝을 해야 할까?

코치 중에는 일반적인 농구 기술 연습을 많이 하는 것이 최선의 방법이라고 생각하는 사람도 있을 것이다. 물론 평소에 하는 일반적인 연습으로 강해질 수도 있겠지만, 더 효과적인 방법으로 '스포츠 멘털 트레이닝'이 있다.

스포츠 멘털 트레이닝은 선수와 지도자가 경기력 향상에 필요한 멘털 스킬을 과학적인 이론과 기법을 바탕으로 습득하는 것을 목표로 한다. 예컨대 시합 중 지나친 긴장감을 호소하는 선수에게는 그 원인에 따라 호흡법, 점진적 근이완법과 같은 릴랙스 기법, 인지 재구성법 등의 적절한 사고 트레이닝을 시행한다. 이때 중요한 것은 '트레이닝'이 필요하다는 것이다. 농구와 마찬가지로 어떤 기술을 들어서 알고 있다는 것은 아무 소용이 없다. 매일 생활하면서 호흡법을 시행하고 자신의 사고방식과 습관을 깨달아야 심리적 능력을 높일 수 있다.

팀에서는 어떨까? 팀워크와 관련 있는 요인은 여러 가지가 있지만, 공통 목표의 설정, 커뮤니케이션 능력 향상 등이 필요하다. 이런 사항을 결정하고 능력을 높일 때 효과적인 방법이 팀 빌딩 기법이다.

팀 빌딩 기법은 여러 활동을 하면서 팀워크에 필요한 요인을 더해가는 것이다. 예를 들어 커뮤니케이션이 과제인 팀이라면 경기 중 소리를 낼 수 없는 상태에서 동료와 협력하여 과제를 해결하는 것을 목표로 한다. 이런 활동으로 참가자는 눈짓, 손짓, 몸짓으로 커뮤니케이션을 하고, 과제 해결을 위해 의사소통이 필요하며, 언어를 사용하지 않는 소통도 중요하다는 것을 배울 수 있다.

이외에도 멘털 스킬을 높이는 방법은 다양하다. 이것은 고되고 힘든 훈련을 해야 시합에서 긴장하지 않는다는 개념이 아니라, 심리적 과제의 원인을 밝히고 그 원인에 대해 적절한 방법을 사용해서 강화하는 과학적인 트레이닝이다.

스포츠 멘털 트레이닝을 하기 위해 스포츠 심리 상담사 등의 전문가를 활용하는 것을 추천한다. 스포츠심리학회에서는 경기력 향상을 위해 멘털 스킬을 중심으로 지도와 상담을 수행하기 위한 지식과 기술을 갖춘 스포츠 심리상담 전문가와 스포츠 심리 상담사 자격 연수를 실시하고 있다. 스포츠 심리 상담가 등의 멘털 트레이닝 코치는 올림픽 등을 목표로 하는 높은 수준의 선수부터 이제 막 스포츠를 시작한 지역 아동들까지 모든 선수와 지도자를 대상으로 상담을 실시한다(자세한 내용은 한국스포츠심리학회 홈페이지 참조).

개인 종목 선수들은 스포츠 심리 상담사를 따로 고용하기도 하고, 팀 스포츠도 기술 코치와 별도로 멘털 코치를 두는 경우가 점점 늘어나고 있다. 그렇다면 스포츠 심리 상담사는 어떻게 해야 될 수 있고, 어떤 일을 하는 것일까?

먼저 스포츠 심리 상담사는 극도의 불안감을 가진 선수들을 도와준다. 구체적으로 어떤 상황에서 불안을 느끼는지 파악하여 잘못된 생각을 바로잡아 주고, 목표의식을 잃은 선수들의 동기 유발에 도움을 준다. 선수의 상황에 맞게 구체적이고 실현 가능한 목표를 제시해 주는 것이다. 이외에도 경기 전후의 루틴 설정, 자기암시와 같은 다양한 심리적 요소들을 통해 선수와 팀의 멘털 관리를 담당한다.

선수의 멘털 관리와 스토아 철학

 부동심 & 컨트롤, 할 수 있는 것 vs 할 수 없는 것

2007년의 일이지만, 당시 미국 메이저리그 뉴욕 양키스에서 활약하던 마쓰이 히데키가 《부동심不動心》이라는 책을 출간했다. 당시 최고 인기 선수의 자기관리법과 마인드 컨트롤 방법을 다루고 있어 베스트셀러가 되었던 이 책의 주제는 '내가 컨트롤할 수 있는 것과 할 수 없는 것'을 구분하는 것이었다.

잘 알려져 있지는 않지만 마쓰이가 말한 '부동심(흔들리지 않는 마음)'과 '내가 컨트롤할 수 있는 것, 할 수 없는 것'은 '스토아학파'라고 하는 고대철학에서 그 의미의 유래를 찾을 수 있다.

스토아학파에서 목표로 하는 심리적 경지는 그리스어로 '아파테이아apatheia'라 부르는 상태이며, 그중에서 '아'는 소위 '부정'을 의미하고, '파테이아'는 '파토스(감정)'를 표현하는 단어와 관련이 있다. 즉 아파테이아는 '정념에 흔들리지 않는 상태'를 의미한다. 그래서 이를 부동심, 즉 흔들리지 않는 마음으로 해석할 수 있다.

하지만 이것은 정념이 전혀 없다는 의미인 '무감정'과는 다르다. 스토아학파에서 말하는 현자는 정념에 흔들리지 않고 본인의 이성에 따라 살 수 있다. 이 책에서 마쓰이는 넓고 깊은 마음과 강하고 흔들리지 않는 마음, 즉, 부동심을 가진 인간이 되고자 노력한다고 이야기한다.

스토아학파는 창시자인 제논을 중심으로 벽화가 그려진 주랑인 스토아 포이킬레Stoa Poikile에 모여 자신들의 의견을 주장한 것이 그 명칭의 유래다. 스토아 '학파'라고 불리는 만큼, 여러 사람이 모여 있어서 다양성을 자랑했다. 제논부터 시작해서 세월이 흐르면서 로마 황제였던 마르쿠스 아우렐리우스와 정치가였던 세네카, 해방 노예였던 에픽테토스 등도 스토아학파였다. 이처럼 스토아학파의 사상은 당시 매우 광범위하게 영향력을 갖고 있었다.

철학자 에픽테토스는 자신이 책을 쓰지는 않았지만 제자가 그의 이름을 세상에 남겼다. 에픽테토스는 '세상일은 우리가 하기 나름인 것과 하기 나름이 아닌 것으로 나눌 수 있다'라고 이야기한다. 이 두 가지를 더 쉽게 설명하자면 '자신의 힘으로 어떻게 되는 것'과 '자신의 힘으로는 어떻게 할 수 없는 것'을 말한다. 이것이야말로 마쓰이가 말한 내가 컨트롤할 수 있는 것과 할 수 없는 것에 해당한다.

자신이 통제할 수 있는 것과 그렇지 않은 것을 구분한다

에픽테토스는 판단, 의욕, 욕망, 기피와 같은 마음은 자기가 하기 나름이라고 생각했지만, 자신의 몸과 재산, 지위, 관직, 평판 등은 하기 나름이 아닌 것으로 보았다.

지위나 평판처럼 자신이 어떻게 할 수 없는 부분도 있지만, 몸은 자기 하기 나름이라 생각할 수도 있지 않을까? 식사에 신경 쓴다거나 적당히 운동해서 건강을 유지할 수 있다는 의미에서는 분명히 자신이 어떻게 할 수 없는 것은 아니다. 그렇지만 아무리 신경 써도 병에 전혀 걸리지 않는다거나 사고를 당하지 않을 수는 없고, 재산을 잃어버리지 않는다고도 할 수 없다.

이에 대해 마쓰이는 마음가짐이 자기 하기 나름이듯이 몸을 신경 쓰는 것도 자신이 하기 나름이라고 보았다. 예를 들어 골절 같은 큰 부상을 당했다면 영양을 갖춘 식사를 잘 섭취하는 것은 자신이 할 수 있는 최선이라 말한다.

하지만 언론에서 보도되는 방식이나 선수에 관한 평가는 자신이 어떻게 할 수 없는 것으로 간주한다. 그리고 프로 선수로서 어느 구단에 갈지도 자신의 마음대로 할 수 없는 것이었다. 마쓰이는 예전부터 팬이었던 팀인 한신 타이거스에 가고 싶었지만, 요미우리 자이언츠 입단이 결정된 다음에는 자신이 할 수 있는 것, 즉 소속팀 선수로서 최선을 다해 노력하는 것에 집중했다.

이처럼 자신이 컨트롤할 수 있는 것과 없는 것을 분명하게 구별하면 해야 할 일이 명확해지며, 내가 어떻게 해도 할 수 없는 것 때문에 흔들리는 일은 없게 될 것이다.

농구에 활용할 수 있는 스토아 철학

스포츠에서 이렇게 스토아 철학을 마인드 컨트롤에 활용하는 선수가 있다는 것만 보더라도 그 유용함을 알 수 있을 것이다. 그렇다면 농구에서는 어떨까? 그 사례를 간단하게 소개하겠다.

자신이 하기 나름이 아닌 일을 손에 넣으려고 남들처럼 노력하지 않으면서, 똑같은 것을 요구할 수 없다는 점을 기억하자. 농구에서는 출장 시간이 여기에 해당한다.

시합에 출장할 수 없는 선수는 불만을 가질 것이다. '내가 더 잘하는데', '노력하고 있는데'라며 말이다. 물론 실제로 본인이 더 잘하는 경우도 있다. 하지만 코치가 어떤 선수를 어떻게 평가하는지는 선수 자신이 어찌할 수 없는 것이다. 시합 중에 할 수 있는 일은 '내가 출전하면 어떻게 할까?'를 생각하는 것이다. 그런 생각을 하지 않고 불만만 품는 선수라면 시합에

나가도 실력 발휘를 제대로 하기 어렵다.

또한 경기에 출전하지 못한다 해도 그 경험을 밑거름으로 자신을 단련할 수 있다. 어떤 일을 맞닥뜨리더라도 거기서 뭔가를 얻는 것은 자기가 하기 나름이다. 이처럼 모든 것은 자신의 마음가짐에 달려있다.

"두렵다고 생각하는 상황을 매일같이 눈앞에 두어라." 에픽테토스는 매일 죽음을 떠올리며 인간인 이상 피할 수 없는 죽음에 대한 공포에 사로잡히지 않으려 했다. 에픽테토스가 말한 죽음까지는 아니더라도, 선수라면 당연히 큰 시합에서 심리적 압박을 받는다. 하지만 그런 중요한 경기에 출전하는 자신을 매일 같이 떠올려 본다면 실제로 그런 상황이 닥쳐와도 마치 예전에 많이 경험했던 것처럼 느껴질 것이다. 마음 훈련을 하려면 이러한 이미지 트레이닝이 반드시 필요하다.

여기서 소개하는 것은 에픽테토스 사상의 극히 일부분에 불과하다. 관심이 생겼다면 에픽테토스, 아우렐리우스 등 스토아 철학자의 말을 찾아보자. 멘털 관리와 마인드 컨트롤에 많은 도움이 될 것이다.

키프로스공화국의 라르나카에 있는 제논의 기념비. 제논은 키프로스 섬의 키티온 출신이다.

06 효과적인 스포츠 테이핑 방법은

 스포츠 테이핑이 필요한 이유

농구는 대시, 스톱, 점프를 반복하는 고강도 운동이며 신체 접촉을 동반하는 스포츠로 부상 발생 빈도가 높다. 부상 중에서도 특히 발목염좌가 많은데, 10대 농구 선수가 겪는 부상의 70%가 발목염좌라고 한다.

발목염좌에 대한 예방과 대처법으로 가장 많이 사용하는 것은 테이핑으로, 발목을 고정해서 가동 부위를 제한하여 부상 발생 및 재발을 예방한다. 여기서는 테이핑을 사용할 때 알아두어야 할 장·단점을 소개하겠다.

테이핑의 주요 목적은 외상·상해 예방, 응급처치, 부상 재발 예방, 공포감 해소 등이다. 테이핑 요법은 피부에 부착되는 순간 피부조직과 혈관에 미세한 공간을 만들어 혈액과 및 다양한 유기물의 순환을 촉진해서 회복을 돕는다. 테이핑을 하면 관절의 가동 부위를 제한하고 압박하고 보호하여 부상의 불안을 낮춰주는 등의 효과가 있으며, 부상에 관한 불안감을 가지는 선수가 과감하게 플레이할 수 있게 도와준다.

테이핑 종류는 크게 나눠서 신축성(엘라스틱) 테이프와 비신축성(리지드) 테이프로 나눌 수 있다. 신축성 테이프는 이름대로 늘어나고 줄어들며, 비신축성 테이프는 베이스가 늘어나지 않기 때문에 목적에 맞게 사용해야 한다.

일반적으로 비신축성 테이프는 백색 제품이 많아서 화이트 테이프라고도 부르지만, 제조사에 따라 여러 가지 색의 테이프를 판매하고 있다. 2017년 개정된 국제농구연맹(FIBA) 공식 규정에서 팔, 어깨, 다리 등의 테이핑은 유니폼 셔츠와 같은 색깔이나 혹은 모든 선수가 검정색이나 흰색으로 통일해서 착용해야 하며, 같은 팀의 선수는 같은 색을 사용해야 한다고 되어있으므로 시합에서 테이핑을 사용할 때는 색상에 주의해야 한다.

 스포츠 테이핑이 운동 퍼포먼스에 미치는 영향

테이핑이 운동 퍼포먼스에 미치는 영향과 관련하여 여기에서는 비신축성 테이프에 대해 소개하겠다. 발목에 비신축성 테이핑을 감고 관절 가동 부위를 제한하면 수직 뛰기와 도약 높이가 현저하게 저하된다는 보고가 있다. 이런 점에 주의하여 테이핑을 하면 점프슛과 리바운드 점프의 퍼포먼스가 저하될 위험이 있다는 것을 이해하고 있어야 한다.

한편 테이핑이 스프린트 시간에는 영향을 주지 않으며, 밸런스 능력이 약간 향상된다는 연구 결과도 있으므로 장·단점을 잘 파악한 후 사용해야 한다.

운동 시간이 길어질수록 역학적 부하와 땀의 영향을 받아 테이핑의 접착력과 제동력(관절 고정력)이 떨어진다. 실제로 농구에서 시합 형식의 연습을 20분 시행한 다음에는 테이핑 제동력이 현저하게 떨어졌다는 보고가 있다(감은 직후보다 약 25% 저하).

그러므로 농구처럼 40분이나 격하게 운동을 한다면, 테이핑 제동력을 유지하기 위해 하프타임 중에 다시 감는 것을 추천한다. 물론 경기 시간과 운동량, 발한량에 따라 효과 지속시간은 달라진다. 일단 테이핑을 한 다음에는 그대로도 괜찮다고 생각하지 말고, 선수 자신이 테이핑 효과가 지속되는지를 적절하게 판단하는 것이 중요하다.

테이핑을 사용할 때 주의할 점

당연한 얘기지만, 테이핑하지 않고 플레이하는 쪽이 운동 퍼포먼스와 비용 측면에서 가장 좋다고 할 수 있다. 테이핑에 의지하기 전에 자신이 할 수 있는 상해 예방 트레이닝과 워밍업을 하는 것이 좋다.

부상에 대비하기 위해 먼저 오른쪽 사진에 있는 Y밸런스 테스트, 3홉(hop) 테스트 등으로 평소 훈련에서 발목 및 하지 기능을 평가하고 기록한 후, 부상을 당한 후에 '다치기 전 상태의 90% 수준까지 회복하면 복귀한다' 등과 같이 구체적인 기준을 설정해두는 것도 중요하다.

염좌를 당한 후 통증이 약간 줄어든 것 같다고 해서 바로 플레이하면 다시 재발할 수 있다. 이런 악순환으로 만성 발목관절 불안정성CAI이 되면, 선수 인생에 큰 손실을 초래한다. 그렇게 되지 않기 위해서라도 전문가의 적절한 진단을 받고 테이핑에 의존하지 않도록 단계적인 복귀 계획을 세워야 한다.

선수와 코치가 테이핑의 효과를 과신하거나, 운동 퍼포먼스 저하와 비용대비 효과에 무관심한 경우도 있다. 하지만 테이핑을 적절하게 사용하면 여러 가지 도움을 받을 수 있다.

테이핑을 사용하지 않으면 플레이를 할 수 없는지, 달리 시행해야 하는 트레이닝이나 재활 훈련은 없는지를 잘 판단해서 중장기적인 관점에서 적절하게 활용하자.

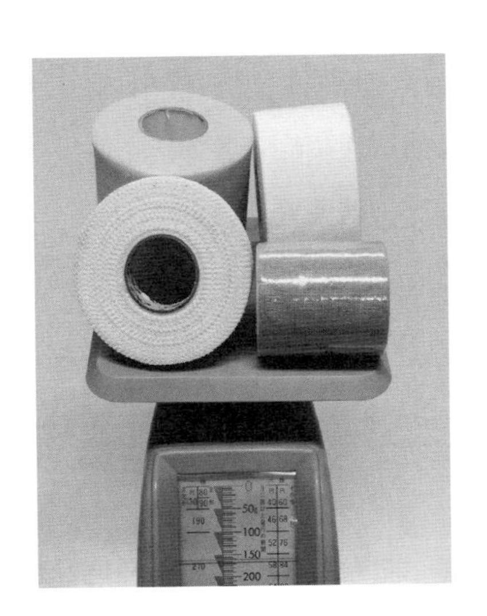

테이핑 종류와 사용량에 따라 비용도 달라진다.

Y밸런스 테스트

한쪽 다리로 서서 세 방향으로 가능한 한 다리를 뻗어 그 거리를 측정한다. 부상을 당하기 전과 후의 값을 비교하면 플레이 복귀 판단 지표로 유용하다.

07 발목염좌를 예방하는 훈련법

 발목 유연성이 염좌 예방의 열쇠

농구 선수에게 가장 흔한 부상으로는 족저근막염, 발목, 무릎, 햄스트링 부상 등이 있다. 그중 발목염좌는 몇 번이고 재발하는 부상으로도 유명하다. 반복되는 염좌 때문에 고통받는 선수들도 많을 것이다. 발목염좌가 일어나는 원인에는 여러 가지 요인이 있는데, 그중 한 가지가 바로 발목 유연성이다.

한 연구에서는 체중이 가해진 상태에서 발목을 젖히는 방향의 유연성이 적절하다면 발목염좌 재발 비율이 낮아지며, 반대로 발목이 굳어있거나 지나치게 유연해도 재발하기 쉽다고 한다. 따라서 발목염좌가 자주 재발하는 선수라면 발목을 젖히는 유연성에 문제가 없는지 항상 주의 깊게 관찰하는 것이 중요하다. 발목이 잘 젖혀지지 않는 상태에서 농구 시합 중에 바닥을 짓밟는 동작을 반복하면, 발목을 비롯해 무릎과 허리 등 여러 부위의 부상으로 이어지는 원인이 된다. 발목염좌 후유증은 통증이 남거나 염좌가 재발하는 것뿐만 아니라 다른 부위의 부상으로 이어져, 결국 부상당하기 쉬운 몸이 될 수도 있다.

 유연성 체크와 예방 훈련

여기서는 현장에서 활용할 수 있는 발목 유연성 체크 방법과 유연성 향상을 위한 훈련법을 소개한다.

1 유연성 체크 방법

먼저 양발을 모으고 서서, 발가락 끝과 무릎이 정면을 향하게 한다. 그 상태에서 뒤꿈치가 올라가지 않는 범위에서 무릎을 굽혀서 정강이를 가능한 한 앞으로 기울인다. 이때 좌우 차이가 없는지, 바닥에서 45도 전후를 기준으로 정강이가 얼마나 기울어지는지를 체크한다(176쪽 **그림**1).

좌우 모두 염좌 경험이 있다면, 양발 모두 굳어있거나 느슨해져 있을 가능성이 있으므로 주의해야 한다.

2 유연성 향상을 위한 훈련

발목을 유연하게 만드는 방법은 여러 가지 있지만, 여기서는 문헌에서 많이 사용하는 방법을 소개하겠다. 비첸지노Vicenzino를 포함한 연구자들은 염좌가 자주 발생하는 발목은 거골(뒤꿈치 위에 위치하는 뼈)이 뒤쪽으로 적게 움직이므로, 그 뼈를 움직여서 발목 유연성을 개선한다고 보고했다(177쪽 **그림**2).

유연성 향상을 위한 셀프 훈련법으로는 튜브를 복사뼈 부근 높이에 걸고 후방으로 잡아당기며, 손으로 거골(양쪽 복사뼈 사이)을 앞에서 누른다. 그리고 발가락 끝과 무릎 방향을 정면으로 한 상태에서 통증이 없는 범위에서 천천히 정강이를 앞으로 기울인다. 이때 단단하게 만 수건을 발바닥(복사뼈보다 약간 앞)으로 밟고 있으면 뼈의 위치 관계를 조절해서 발목이 좋은 움직임을 만들어내기 쉬워진다(177쪽 **그림**3).

발목염좌가 반복되면 후유증으로 발생하는 발목 유연성 부족은 스트레칭으로는 개선하기 힘든 경우가 많다. 염좌 후에 붓기나 안정을 취하기 위해 움직이지 않은 기간의 영향도 있고, 잘못된 발목 사용을 반복함에 따라 발목 주변 조직이 굳어서 움직이기 어려운 상태가 되었기 때문이라고 볼 수 있다.

발목이 지나치게 유연한 선수는 인대 손상 등이 원인이 되어 관절이 느슨해졌을 수도 있다. 이런 경우에는 지지대나 테이핑 사용을 고려한다. 셀프 훈련으로 해결할 수 없는 통증과 불안정감이 있다면 전문가가 있는 의료기관 등에서 진료받는 것을 추천한다.

그림1 발목 유연성 체크 방법

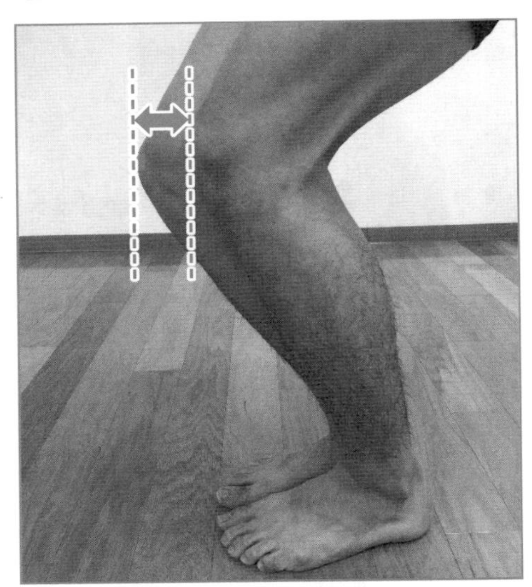

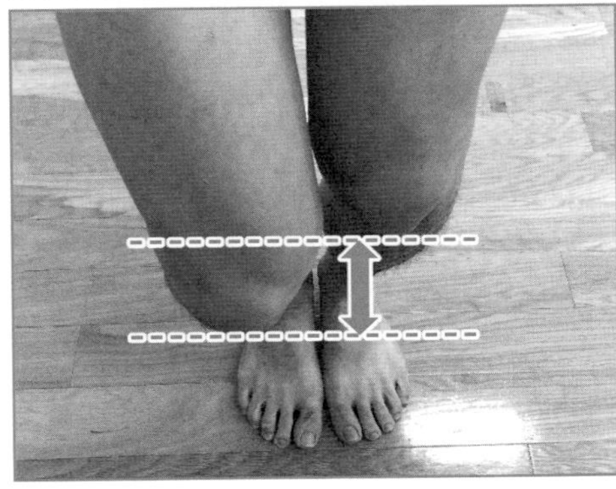

발가락 끝과 무릎의 방향을 나란히 해서 뒤꿈치가 지면에서 떨어지지 않는 범위에서 정강이를 앞으로 기울인다. 그림은 왼쪽 발목의 유연성이 저하된 상태다. 무릎 위치를 위에서 확인하면 발목의 단단함에 좌우 차이가 있는지 확인할 수 있다.

그림2 파트너가 있을 때의 발목 유연성 개선 훈련(참고문헌에서 인용)

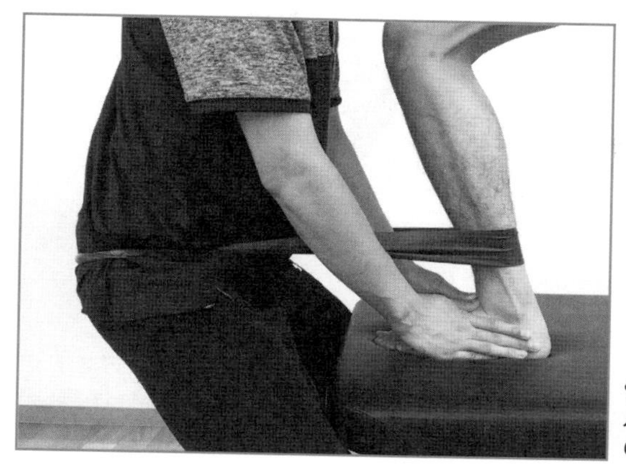

앞쪽에서 거골을 누르고 튜브를 사용해서 정강이를 앞으로 기울이는 방향으로 유도한다.

그림3 발목 유연성 개선을 위한 셀프 훈련

발목 전면에 튜브를 걸고 손으로 거골을 앞에서 누르면서 아프지 않은 범위에서 천천히 정강이를 앞으로 기울인다. 이와 함께 둥글게 만 수건을 바깥 복사뼈의 약간 앞쪽 발바닥(뒤꿈치 뼈의 약간 앞부분)으로 밟아주며 발목 움직임을 보조한다.

농구 이야기 ⑥

심판에게 필요한 체력

처음에 농구 경기의 심판은 단 1명이었다. 1909년에야 2명으로 늘어나게 되었는데, 갈수록 거칠어지는 경기로 인해 결국 지금의 3심제를 채택하게 되었다. 초창기에는 부심이 선수의 파울을 심판하고 기록하였지만 지금은 기록원이 따로 정리하며, 주심은 다섯 번의 파울을 한 선수를 실격시킬 수 있는 권한을 가진다.

경기 중에는 심판도 많이 움직여야 하고 적절한 판단으로 정확한 판정을 하기 위해 좋은 위치로 재빨리 이동해야 한다. 심판의 운동량을 조사한 연구 결과에 따르면, 심판은 한 경기에서 약 3,059~6,773m(2심제) 또는 3,260~6,440m(3심제)나 이동하며, 약 70% 이상이 걷는 속도 이하, 약 10% 이상이 달리기 속도 이상으로 움직였다고 한다. 시합 중 심판의 심박수는 130~174회/분(최대 심박수의 70~96%)에 이르며, 한 경기당 500kcal를 소비한다고 보고하고 있다.

FIBA에서는 심판에게 요구하는 주요 신체적 능력으로 스피드(스프린트), 스트렝스(강건함), 유연성(외상 예방), 지구력(회복력)을 든다. 따라서 심판은 자격 유지와 라이선스 승격을 위해 체력테스트를 받아 기준을 통과해야 한다. 리그에서는 심판의 활약도 주목받고 있으므로 선수 생활을 그만두더라도 심판으로서 자신의 경험과 신체 능력을 발휘하면 좋을 것이다.

PART 6

지도의 과학

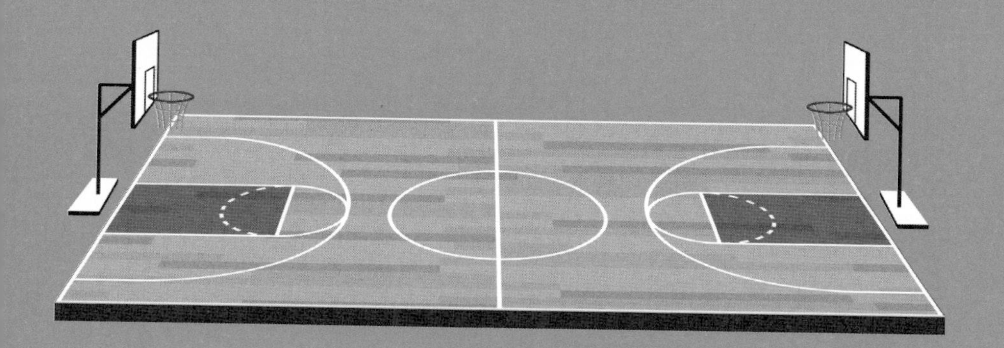

자신의 코칭 철학이 있어야 한다

 철학이란 자신의 방침이 되는 것이다

이제는 지도자의 코칭 철학에 관해 이야기하는 경우가 많아졌다. 현장에서 선수를 가르치는 지도자는 반드시 자신만의 코칭 철학이 필요하다는 것이다.

어느 시대나 '철학'이라는 말에는 이해하기가 어렵다는 생각이 따라다니지만, 그것은 학문의 대상으로서 철학을 염두에 두기 때문이다. 칸트, 니체, 하이데거와 같은 저명한 철학자들의 말은 분명히 어렵다. 하지만 '코칭 철학'에서의 철학은 그런 것과는 다르다. 코칭 철학은 경영 철학이나 인생 철학 등과 같은 종류라고 할 수 있다.

예를 들어 경영 철학이라면 경영자가 어떤 목적과 기본 방침, 가치관을 가지고 경영에 임하는지를 보여주는 것이다. 이렇게 확고한 철학을 갖고 있어야 흔들림 없이 일관적으로 실천할 수 있기 때문이다. 다만 자신의 근간을 흔들 수 있는 계기가 생기면 철학을 수정해야 할 수도 있다. 중요한 것은 자신의 경험을 바탕으로 더 좋은 철학을 구축해가는 것이다.

그렇다면 코칭 철학은 어떻게 규정할 수 있을까?

정확하게는 선수와 팀의 탁월함을 향상하고 발휘하게 만드는 코칭에서 ① 여러 원리를 적용하여 지향하는 목적 ② 코치에게 방향성을 제공하는 기본 방침 ③ 코치가 설정하는 가치관에 관한 포괄적인 언명이라 할 수 있다. 이러한 정의만으로는 이해가 쉽지 않으므로, 코칭 철학에 바탕에 되는 요소에 관해 설명하겠다.

코칭 철학을 구성하는 요소

먼저 코칭을 실천한다는 것은 '연습으로 선수와 팀의 좋은 점을 더 향상시켜 시합에서 발휘하게 만드는 운영'이라 할 수 있다.

코치 중에는 코칭을 '이기도록 만드는 것'이라고 생각하는 사람도 있을 것이다. 하지만 승리는 어떤 상대와 싸우는가에 따라 좌우되는 것이라서 지도자가 컨트롤할 수 있는 사항이 아니므로, 코칭 그 자체는 선수와 팀의 좋은 점을 얼마나 향상시켜 발휘하게 만드는가와 관계있다고 할 수 있다. 코칭 가운데 지도자가 가진 ① 목적 ② 기본 방침 ③ 가치관을 전부 포함한 사고방식이 코칭 철학이 된다.

그렇다면 코칭 철학을 구성하는 세 가지 요소를 구체적인 사례를 들어 설명해보자. 먼저 코칭에서 목적이란 왜 코칭을 하는지, 코칭을 해서 어떻게 되고 싶은지를 보여주는 것이다. 미국 대학농구계의 명장으로 유명한 존 우든John Wooden은 코칭의 목적으로 '자신이 될 수 있는 최고의 상태가 되는 것'이라 말한다. 이것은 자신이 코칭하는 선수들에게는 물론이고 지도자로서 자신에게도 해당하는 것이다. 또한 '관련된 모든 사람을 행복하게 하는 것'이나 '팀 전원이 즐거움을 공유하는 것'을 목적으로 하는 사람도 있을 것이다. 이런 코칭의 목적과 더불어 실현하는 데 필요한 것은 무엇일지도 생각해보자.

기본 방침은 코칭을 할 때 그 방향성을 보여주고 이끌어주는 역할을 하는 기초 원리라고 할 수 있다. 예를 들어 농구를 가르칠 때 기술적인 것뿐만 아니라 살아가는 법을 가르친다거나, 선수 자신이 스스로 상황을 해결하게 유도하는 것도 이에 해당된다. 매니저에게 감독 다음으로 많은 권한을 부여하는 것 등도 지도와 관련된 기본 방침이라 할 수 있다.

 자신의 코칭 철학을 되돌아본다

코칭 철학에서 가치관은 코치로서 자신이 소중하게 여기는 것을 말한다. 예를 들면 사랑, 감사, 겸손, 화합 등을 들 수 있지만, 왜 그런 가치관이 중요한지 함께 생각해두는 것도 중요하다. 생각을 확고히 갖고 있어야 더 구체적인 행동이 보이기 때문이다.

몇 가지 예를 들어보자. 용기가 중요하다면 '용기 내서 시작하면 자신이 마음속에서 그렸던 것을 실행할 수 있다' 등으로, 정열을 소중하게 여긴다면 '불타는 듯 격한 정열이 없다면 사람의 마음을 불태울 수 없다', 자유를 소중하게 여긴다면 '자유가 보장되어 있어서 두려움 없이 여러 가지 도전을 할 수 있다' 등을 생각할 수 있다.

다시 한번 정리해보면 코칭 철학은 ① 코칭의 목적 ② 코칭의 기본 방침 ③ 소중하게 여기는 가치관이라는 세 가지 요소로 구성되어 있다. 이 요소들을 정리한 오른쪽 표를 활용하여 이번 기회에 자신의 코칭 철학을 구축하거나 되돌아보자.

이미 언급한 것처럼 기본적인 방침으로 코칭 철학을 갖게 되면 지도의 방향성을 잃지 않고 굳건히 유지할 수 있다. 그러면서 자신의 지도 방식에 대한 믿음과 확신이 생길 것이다.

반대로 코칭 철학이 없다면 지도에 일관성이 없어지고 일정한 기준 없이 임시방편으로 문제를 해결하게 되어 선수와 지도자 간에 신뢰 관계를 구축하는 데 나쁜 영향을 줄 수도 있다. 이렇게 생각해보면 코칭 철학을 갖는 것이 얼마나 중요한지 이해할 수 있을 것이다.

나의 코칭 철학

코칭 목적	목적 실현을 위해 필요한 것

코칭의 기본 방침

가치관	중요한 이유

02 선수와의 거리를 좁혀 트레이닝 효과를 높인다

 데이터, 선수의 주관, 지도자의 눈은 어떻게 다른가

트레이닝 현장에서는 선수가 직접 경험한 것과 지도자의 관점에서 본 결과가 다르게 느껴질 수 있다. 선수가 실전에서 느끼는 감각과 코치가 관찰한 결과 등을 비교해 보는 시간도 충분하지 않다. 그래서 선수와 지도자 사이에 명확한 공감대 없이 그냥 서로 알고 있는 것 같은 상태로 넘어가는 경우가 적지 않은 것이다.

연구를 통해 트레이닝에서 측정한 데이터와 선수들의 주관적인 생각, 지도자의 관찰 결과를 비교하여 서로 어느 정도 일치하는지를 검증해보았다. 이 연구의 목적은 두 가지인데, 첫 번째는 앞서 언급한 것처럼 견해가 다른 각각의 관점을 비교해서 무엇을 찾아낼 수 있는지 알아보는 것이다. 두 번째는 트레이닝 지도법을 평가하고 과제를 발견하여 코칭 힌트를 얻는 것이다. 이를 정리한 것이 바로 **그림**1이다.

여기서는 연구에서 검증된 내용을 소개한다. 이 검증을 통해 알게 된 것은 공유하는 언어와 감각에 관한 것으로, 평소 지도 관계에 있는 두 사람이라도 언어에 관한 해석이 크게 다를 수 있다는 것이 매우 인상적이었다.

측정 방법

참가자는 실업 육상팀의 멀리뛰기 선수 9명(남자 7명, 여자 2명)이며, 각종 대회 상위입상 경험자들이다. 지도자 4명은 전국대회에서 우승, 세계대회 참가 등의 지도를 여러 번 경험했다. 측정한 트레이닝 종목은 50m 포

그림1 데이터·선수의 주관·지도자의 눈 관계도

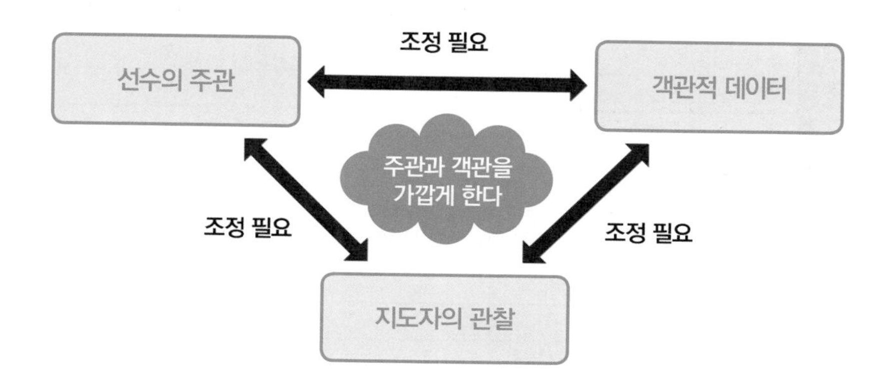

스 플레이트를 갖춘 주로에서 전력 달리기 2회, 도움닫기를 전력으로 2회 시행했다. 선수와 관찰자는 각각 측정이 끝난 후 반성 평가지를 작성했다. 측정한 데이터 항목은 질주 속도, 도움닫기 속도, 도움닫기 피치, 도움닫기 스트라이드, 접지 시간, 도움닫기 체공 시간, 지면 반발력이었다. 모든 측정이 끝난 후 시행한 리뷰 시간은 ① 촬영한 동영상 시청 → 연구 담당자의 데이터 해설 → ③ 반성 평가지 발표 → ④ 선수에 대한 지도자의 질의응답 → ⑤ 트레이닝 과제 발표 순서로 진행했다.

186쪽의 **표**1은 선수와 지도자가 기록한 반성 평가의 예인데, 평소 선수를 계속해서 지도하고 있는 코치와 선수 사이라도 9가지 평가 사항 중 한 가지를 제외하고는 일치하는 것이 없었다. 물론 일치한다고 해서 반드시 좋다고는 할 수 없지만, 이보다는 공통되는 것이 더 있으리라는 예상과는 다른 결과였다. 선수가 직접 느낀 것과 그것을 말로 표현한 언어에 공통분모를 가지려면 퍼포먼스에 주관적인 점수를 매겨 평가의 차이와 이유, 향상 방법에 관해 선수와 코치가 정기적으로 의견을 나눌 필요가 있다는 것을 다시 한번 인식할 수 있었다.

표1 퍼포먼스에 대한 선수와 지도자의 평가

전반 상황		선수의 평가(10단계)	지도자의 평가(10단계)
1	스피드가 나왔는가?	6	9
2	세팅 시간이 짧았는가, 길었는가?	4	5
3	세팅했을 때 차는(미는)/하중(가중)은 약했는가, 강했는가?	6	9
4	기타(1~3 외에 느낀 점)	좀 더 편하게 가고 싶었다.	시즌 수준으로 좋음.
중간 상황		**선수의 평가(10단계)**	**지도자의 평가(10단계)**
1	스피드가 나왔는가?	4	9
2	세팅 시간이 짧았는가, 길었는가?	4	2
3	세팅했을 때 차는(미는)/하중(가중)은 약했는가, 강했는가?	4	7
4	기타	원하는 만큼 가속할 수 없었다.	스피드가 너무 빨랐다. 매끄러움이 없었다.
공중자세		**선수의 평가(10단계)**	**지도자의 평가(10단계)**
1	스피드가 잘 나왔는가?	5	5
2	세팅 시간이 짧았는가, 길었는가?	4	5
3	세팅했을 때 차는(미는)/하중(가중)은 약했는가, 강했는가?	4	5
4	기타	더 빨리 점프할 수 있게 만들어야 한다.	느슨해져서 잘 처리되지 않았다.

 느낌을 언어로 표현하는 것은 어렵지만 중요하다

기록 측정 후 평가 시간에는 연구자가 객관적인 데이터를 보여주고, 그 후에 시행자가 촬영한 영상에 관해 설명했다.

선수가 직접 느낀 것으로 자신을 평가한 것과 지도자가 관찰한 것을 비교했더니 양쪽의 평가가 일치한 답변은 없었다(**표2**). 다만, 속도 데이터와 선수의 주관, 또는 속도 데이터와 지도자의 평가는 종종 일치했다. 즉 양쪽 모두 물리적인 속도는 어느 정도 정확하게 평가할 수 있지만, 선수가

표2 퍼포먼스 영상에 대한 설명 코멘트

- 갑자기 멈춘 것 같았다.
- ○번째 쪽이 좋은(나쁜) 흐름이었다.
- ○번째 쪽이 가속(감속)하고 있었다.
- 좋은 느낌이었다.
- 리듬이 좋았다.
- 반동 동작을 지나치게 의식했다.
- 지면을 제대로 밀었다.
- 잘 탔다.
- 뛰어 올라가는 이미지를 만들고 싶다.
- 출발 타이밍을 잡지 못해 가속할 수 없었다.
- 매끄럽게 진행했다.
- 스피드를 충분히 낼 수 없었다.
- 접지가 가벼웠다.
- 애써서 움직였다.

표3 기재한 코멘트

- 지면을 제대로 밟는다.
- 그립할 수 있었다.
- 날카로움이 없었다.
- 진척이 잘 안 되었다.
- 힘이 들어갔다(릴랙스할 수 있었다).
- 기분 좋게 할 수 있었다.
- 요란하게 달렸다.

좋았다고 느낀 때와 지도자가 좋았다고 생각한 때가 일치하는 경우가 그다지 많지 않았다는 것이다. 하지만 평소 지도하는 선수와 코치 사이에는 속도 데이터와 선수의 주관 및 지도자의 평가가 일치하는 사례도 있었고, 선수가 자신이 느낀 점을 언어로 설명하면서 깨닫는 게 많다는 것도 알 수 있었다.

한편 데이터로는 읽어낼 수 없었던 사항이 바로 **표3**이다. '지면을 민다', '그립한다', '지면을 제대로 밟는다' 등이 중요하다는 것은 공통된 의견이었지만, 관점이 일치하지 않는다는 것도 알 수 있었다. 그렇기에 현장에서는 이런 사항에 대해 선수와 지도자가 서로 확인해볼 필요가 있다.

이 검증에서도 알 수 있듯이 평소 연습에서부터 자주 사용하는 언어와 움직임에 관해 선수나 코치가 생각하는 것과 객관적 사실이 다를 수 있음을 이해하고, 데이터를 사용해 비교해 보는 것이 중요하다. 그렇게 하면 트레이닝과 코칭의 성과가 더욱 잘 드러나게 될 것이다.

팀 부상 예방을 위한 상해조사

 농구에서는 발목 부상이 가장 많다

여러 스포츠 중에서도 농구는 부상이 많은 종목이다. 스포츠 활동 중 다치기 쉬운 발목은 운동선수뿐만 아니라 일반인도 빈번히 부상을 입는 부위다. 그중에서도 발목이 꺾이면서 관절을 지탱하는 복사뼈 부근의 인대가 늘어지거나 찢어지는 등의 손상을 입는 발목염좌가 가장 흔하다.

발에 가해지는 부담은 몸무게에 비례한다. 한 걸음마다 체중의 1.5배, 뛸 때는 4배, 점프할 때는 5배가량의 하중을 견뎌야 한다. 이를 환산해보면, 1㎞를 걸을 때 발이 받는 총 하중은 약 15배에 달한다. 그런데 발목 연골은 두께가 얇고 관절 면적이 좁아 하중 부담이 심할수록 스트레스를 많이 받게 된다. 이로 인해 발목염좌, 족저근막염, 아킬레스건 손상 등이 생길 수 있다.

농구는 빠른 동작으로 발목에 가해지는 비틀림이 염좌로 이어지는 경우가 많다. 특히 점프 동작 후 제대로 된 착지를 하지 못했을 때도 일어나기 쉽다.

일본 여자농구 리그에서 6시즌 동안 선수들의 부상에 관해 조사한 결과를 보면, 총 842건의 부상 발생 건수 중 발목염좌가 204건(24.2%, 전체의 약 4분의 1)으로 가장 많았다. 이 외에도 오사카부 대회 8강에 오른 고등학교 농구 선수를 대상으로 조사한 결과를 보면, 대부분의 선수가 발목염좌를 적어도 한 번은 경험한 것을 알 수 있다(**그림**1).

여자 배구와 여자 라크로스, 소프트볼 등 다른 종목과 비교해도 농구는

그림1 **오사카부 대회 8강에 오른 농구 선수 186명의 발목염좌 경험**

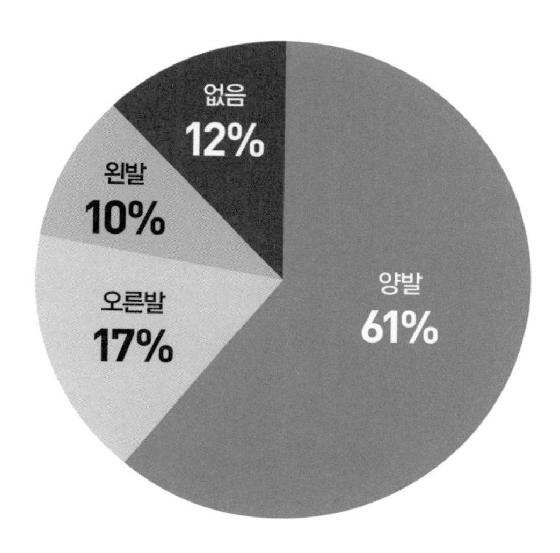

남녀 모두 발목염좌를 일으킬 확률이 높다고 할 수 있다. 따라서 농구 선수와 코치에게 가장 자주 발생하는 부상 중 하나가 발목염좌라고 할 수 있다.

예방 대책은 현재 상태를 파악하는 것

발목염좌는 부상 빈도가 높아서 선수의 경기력에 직결되는 문제가 되기 쉽다. 이런 부상을 예방하기 위해서는 먼저 각 팀의 현재 상황을 파악해야 한다.

일반적인 스포츠 부상을 예방하려면, 다음의 네 가지 과정을 효과적으로 수행하는 것이 필요하다.

① 대상 경기 종목과 연령대에서 어떤 부상이 많으며, 일어나기 쉬운 위험한 부상은 어떤 것인지 파악한다.

② 부상이 일어나는 메커니즘과 원인을 찾는다. 예를 들어 무릎이 안쪽으로 들어가는 동작이 위험하다거나, 발목 유연성이 부족한 선수가 다치기 쉬운 이유 등이 있을 것이다.

③ 부상의 원인을 예방하기 위한 메뉴를 작성한다.

④ 예방 메뉴의 효과를 확인한다.

같은 농구 선수라도 연령대와 경기 수준, 연습 환경(연습 장소, 빈도와 프로그램 등)이 다르면 결과적으로 발생하는 부상도 달라진다. 그러므로 모두가 같은 예방 메뉴를 시행해도 효과가 없을 수도 있다.

부상 예방을 위한 기록을 할 때 주의할 점은 어떤 종류의 부상이 많은지에 관한 정보뿐만 아니라, 어떻게 하다 다쳤는지 상황 조사도 필요하다는 것이다.

발목염좌를 예로 들면 이번에 발생한 염좌가 처음인지, 과거에 몇 번 경험했는지, 염좌가 발생한 상황은 시합 중 점프하고 착지할 때인지, 정지할 때, 혹은 전환 동작을 할 때인지 알아야 한다. 또한 염좌가 발생했을 때 상대 선수와 접촉이 있었는지, 접촉한 것은 발목인지, 아니면 다른 부위인지와 같이 발목염좌가 생긴 상세한 경위를 조사해서 특정 선수의 부상에 대한 특징이 밝혀져야 그에 따른 대책을 세울 수 있다.

오사카부농구협회 의과학위원회에서 실시한 발목염좌가 발생한 상황 조사에 따르면, 발목염좌는 다른 부상과 달리 접촉하면서 다치는 경우가 많고, 염좌 경험이 없는 선수의 첫 염좌는 점프 착지할 때 많이 발생한다는 것을 알 수 있었다.

팀에 발목염좌를 경험한 사람이 적다면 리바운드와 슛 후의 착지 동작에 주목해서 발목염좌가 발생하기 쉬운 동작이 없는지 점검해 보자. 그리고 그런 동작을 하지 않도록 트레이닝하는 것도 필요하다.

표1 부상 예방을 위한 조사에서 확인해야 할 포인트

조사에서 체크할 항목

- 과거에 같은 부위를 다친 경험이 있는가?
  몇 번이나 부상을 당하지는 않았는가?
- 다쳤을 때의 연습 메뉴 (연습내용 확인, 재검토)
  연습 프로그램과 주변 환경 속에서 부상의 원인이 된 요소는 없는가?
- 부상을 당한 플레이 상황 (점프 착지, 멈춤, 반동 등)
  원인이 된 움직임과 선수에게 필요한 예방 메뉴를 생각한다.
- 접촉 여부 (접촉에 대한 대응력)
  피할 수 있는 접촉이었는가, 트레이닝으로 개선할 수 있는 접촉인가?
- 부상을 당하고 나서 어떻게 치료했는가?
  선수가 자기관리 의식을 갖게 한다.

또한 부상을 만드는 접촉 상황은 상대 선수의 발을 밟는 경우도 많지만, 공중에서 접촉하고 밸런스가 무너져 염좌가 생기는 경우도 적지 않다. 따라서 접촉 상황에서는 공중 자세를 좋게 유지하는 등 접촉을 가정한 플레이 대책을 세울 필요가 있다.

실제로 현장에서 실천해야 할 상해조사의 포인트를 체크 항목으로 **표1**에 정리했다. 이처럼 팀 부상이 어떤 상황에서 자주 발생하는지 인식하고 있다면 자기 팀만의 독자적인 부상 예방법을 만들 수 있을 것이다.

그리고 단기간이 아니라 일 년 이상 충분히 조사한 결과를 바탕으로 부상 예방 훈련을 연습 프로그램에 반영해야 한다. 이를 통해 개별 선수들의 부상을 예방하고, 팀의 훈련 방법을 재검토하는 계기로 삼아야 할 것이다.

룰은 경기를 즐기기 위해 존재한다

 플레이와 경기 규칙의 상호작용

경기에서 규칙(룰)을 정하는 목적은 무엇일까? 미리 약속한 플레이 상황을 바탕으로 경기의 재현성을 보장하고, 기록에 객관적인 의미를 부여해서 선수 혹은 팀 상호 간의 성적을 비교하기 위해서다. 그렇다고 한다면, 룰이 자주 바뀌는 이유는 경쟁을 통한 승패 결정이라는 경기의 본질을 왜곡하지 않기 위함일 것이다.

농구의 룰도 이제까지 그 본질대로 적절하게 기능하고 있는지에 대한 많은 검증을 거쳐 '슛 공격과 방어에 의한 득점차'라고 하는 승패 결정 방법을 안정적으로 규정해왔다.

플레이가 성립하려면 룰이 먼저 존재하는 것이 필수지만, 전자가 거꾸로 후자에 영향을 미쳐 변경을 재촉하는 경우도 발생한다(룰 현상의 지속적 초월성). 그러므로 룰은 고정된 것이 아니라, 개별 플레이 상황에 따라 수정되고 변화하는 계기를 맞이하기도 한다. 이처럼 플레이 상황과 경기 규칙은 서로 상호작용하며, 룰의 변화는 기술 및 전술의 발달과 서로 밀접하게 연결되어 있다.

그런데 플레이 상황과 룰의 상호작용은 농구와 다른 팀 스포츠가 약간 다르다. 농구의 창시자인 네이스미스가 말한 '농구는 책상 위의 창조물이었다. … 경기의 가치를 시험하기 위해 아무런 노력도 하지 않는 동안 … 조건을 만족하는 룰이 정해졌다'라는 생각에 뿌리를 두고 있다.

그 전제가 되는 것은 재미있으면서 기억하는 것도 플레이하는 것도 간단하고, 겨울에 조명이 있는 실내에서 할 수 있어야 한다는 것이었다. 농구를 고안할 때 초기에 만든 13조로 된 룰이 매우 기본적인 플레이 규정과 경기 진행 방법뿐이었던 것은 이런 이유에서였다.

하지만 농구는 머리 위에 있는 수평 골대에 공을 던져 넣는다는 특수한 경기 형식을 가진다. 그래서 발생하는 여러 상황이 그 후 많은 사람의 창의적인 아이디어에 의해 더욱 경기를 즐길 수 있는 계기가 되었다. 이런 과정을 거듭하면서 독자적인 '재미를 보장하는' 룰이 더해진 것이다.

현행 룰은 공격을 강조한다

이제까지 농구 역사에서 플레이 상황에 큰 영향을 미친 대표적인 기술은 1936년 루이세티의 원핸드 슛이다. 1980년대 이후에는 기술보다 전술의 발전으로 새로운 플레이 상황이 전개되었다.

그렇게 해서 등장한 것이 박진감 있는 시합, 플레이의 연속성과 매끄러움을 강조한 룰이 등장했다. 그리고 이것이 현대적인 재미를 보장하는 조건이 되었다.

1984년에 도입한 3점슛 제도와 2005년도부터 시행한 얼터네이팅 포지션 등은 박진감 있는 시합과 플레이의 연속성, 세련된 퍼포먼스를 위해 구체적으로 변화된 것이다. 그중에서도 FIBA가 의도했던 것 이상으로 극적인 변화를 초래한 룰은, 경기를 더 다이내믹하고 매력적으로 만든다는 취지로 1999년에 도입한 24초룰과, 선수가 집중해서 능력을 충분히 발휘할 수 있게 혹은 종료 직전의 긴박한 장면을 늘리기 위해 채택한 4쿼터제이다.

24초룰은 NBA에서는 1954년부터 채택했다. FIBA가 시합을 더 공격적으로 만들기 위해 30초에서 24초로, 10초에서 8초로 슛까지의 시간을 짧게 만들었다.

이처럼 슛을 쏘는 상황을 늘려서 룰의 가장 중요한 기능이자 룰 변경을 추진하는 근본 동기이기도 한 재미 보장으로 이어진다고 선언한 것은 다른 스포츠에서는 볼 수 없는 매우 독특한 사례라 할 수 있다. 재미있는 경기란 공격과 수비의 균형이 잡혀있어 쉽게 득점할 수 있는 상황이 많이 발생하는 반면 경기를 질질 끌지 않는 것이라 인증하고, 공격이 신속하고 적극적으로 이루어져야 함을 명시했기 때문이다.

다른 한편으로 이것은 룰 전반에 관해 상세하게 알고, 공격을 강조하는 현행 룰의 특징을 코치와 선수가 인식하지 않으면 시합에서 승리한다는 최종적이고 가장 큰 목표 실현은 어렵다는 것을 보여준다.

룰 변경은 코치와 선수의 요청으로 이루어지는 것이 아니다. 코치와 선수가 먼저 해야 할 일은 룰이 바뀔 때마다 그 내용과 변경 의도(현행은 공격 위주)를 정확히 이해한 다음, 이전 규정과는 다른 플레이의 허용 범위와 새로운 금지 사항을 확인하는 것이다.

그런 다음 바뀐 룰이 선수와 팀에 유리한 조건이 될 수 있도록 연습을 거듭하여 시합에 임해야 한다. 그리고 그 결과를 평가·반성·검증하여 다시 연습에 적용하는 PDCA 사이클을 철저하게 수행한다.

선수의 퍼포먼스 향상과 팀 승리에는 이처럼 복잡하고 다양한 현상과 변화를 놓치지 않기 위한 부단한 노력이 필요하다.

룰과 룰 현상의 상호 규정

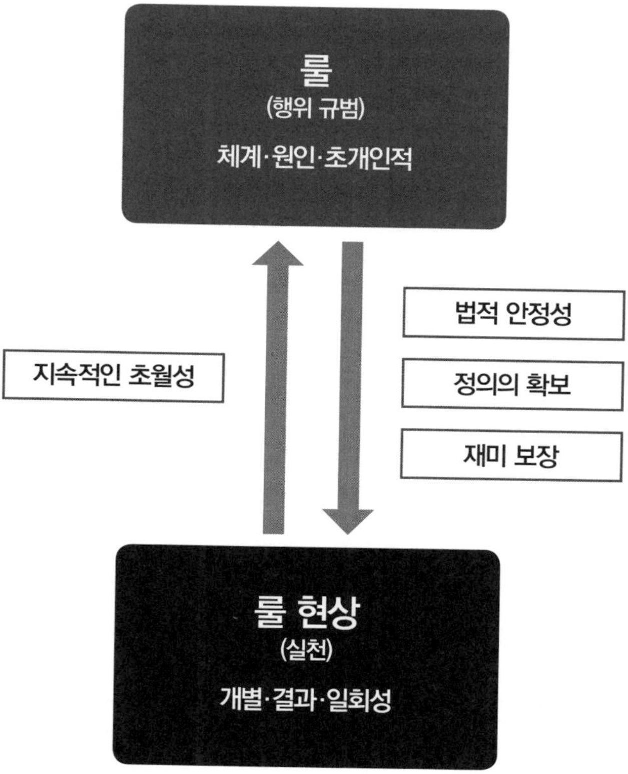

룰
(행위 규범)
체계·원인·초개인적

지속적인 초월성

법적 안정성

정의의 확보

재미 보장

룰 현상
(실천)
개별·결과·일회성

※ 여기서 룰이란 '구성적인 룰'을 의미한다. 그것은 선수 각자가 그것을 모르거나 따르려 하지 않으면, 그 스포츠를 하지 않게 되는 룰이다. 바꿔 말하면, 시합 중에 어떤 수단이 인정되는지, 즉 무엇이 선언되었는지를 명문화하고 그것을 통해 법적 안정성을 확보하는 룰을 말한다.

참고문헌

PART 1

고바야시 간도(1990). 달리기의 과학. 스포츠과학 라이브러리.

고야마 타케시·아루가 세이지·리쿠카와 아키라·나가오 히데유키·미무라 마이·오가와라 게이타·야마다 히로시(2015). 농구 선수의 사이드 스텝 동작의 운동학적 특징. 도카이대학 스포츠의과학잡지. 27. p21–27.

니스기 시게루(2003). 농구의 원핸드 슛에 관한 사회사적 연구. 고베학원대학 인문학부 기요. (23)

다니가마 히로노리(2010). 다이쇼~쇼와 전반기의 일본 농구에서 슛 기술의 변천–중장거리에서 원핸드 슛의 변용 과정. 체육학연구. 55(1).

다니가마 히로노리(2018). 올림픽 경기대회에서 농구 일본대표팀 강화의 실제–로마대회(1960)부터 도쿄대회(1964)까지. 농구 연구(4).

미즈타니 유타카(2005). 농구의 창성. 체육학 연구. 50(3):249–258.

야마다 히로시·고야마 타케시·구니모토 료스케·나가오 히데유키·미무라 마이·오가와라 게이타·리쿠카와 아키라(2015). 일본 여자 최정상 수준 농구 선수의 시합 중 이동 거리 및 이동 속도. 도카이대학 스포츠의과학잡지. 27. p29–36.

야마모토 마사히코·기무라 미즈오(2011). 10주에 걸친 사다리 트레이닝이 보통 남자 대학생의 민첩성에 미치는 영향. 도쿄공예대학 공학부 기요. 34(1). p27–34.

야마자키 기하루·고무라 요시미츠·아오키 가즈히로·나카다케 마코토(2017). 대학여자농구 선수의 방향변환 달리기 능력의 특징. 농구 연구(3). p43–51.

오오바 와타루·오쿠다 도모야스(2007). 농구에서 선수 및 공의 이동 거리와 이동 속도에 관한 연구. 스포츠 방법학 연구. 20(1). p71–84.

오오바 와타루·오쿠다 도모야스·간 아키라·시오카와 미츠히사·오키하라 겐(2011). 농구 경기에서 여자고교선수의 이동 행동에 관한 경기 퍼포먼스 분석. 오키나와대학 인문학부기요. 제13호. p17–27.

오오츠키 다츠유키·야나세 모토코·아오키 게이코(1986). 구기에서 달리는 방향 변경의 빠르기와 풋워크. 제8회 일본 바이오메카닉스 학회대회 논문집.

요시이 시로(1965). 농구. 일본체육협회 편찬. 도쿄올림픽 선수강화대책본부 보고서. 일본체육협회.

우치야마 하루키·고타니 기와무(2017). 농구학 입문. 유통경제대학출판회. 12. 바이오메카닉스. 이이다 요시아키. 이나바 유키 지음. p171–185.

이누즈카 다카히로·하라 다케타카(2009). 대학생 농구선수의 민첩성 능력에 미치는 사다리 트레이닝의 효과–유효성과 트레이닝 기간에 관한 검토. 시마네대학 교육학부 기요(자연과학). 제43권. p137–143.

이케다 데츠오(2007). 스포츠 퍼포먼스를 극적으로 향상하는 SAQ 트레이닝. 일본SAQ협회편. 베이스볼매거진사.

일본 문부과학성. http://www.mext.go.jp/b_menu/toukei/chous

일본SAQ협회(1999). 스포츠 스피드 양성 SAQ 트레이닝. 다이슈칸. 도쿄.

하라다 다케시·우가야 노부히사·긴타카 히로후미·야마모토 마사요시(2007). 여자 중학생 농구 선수를 대상으로 한 사다리 트레이닝의 효과. 스포츠 트레이닝 과학8. p5–12.

후카시로 센시. 점프의 과학. 스포츠과학 라이브러리. 1990.

후쿠나가 데츠오(2004). 근조직의 바이오메카닉스. p35–58. In: 가네코 마사히로, 후쿠나가 데츠오 편찬. 바이오메카닉스–신체 운동의 과학적 기초. 교린서원.

후쿠츠카 유키·오오바 와타루·오쿠다 도모야스(2007). 농구 선수의 시합 중 운동률에 관한 연구–Time motion 분석을 이용해서. 스포츠 방법학 연구. 21(1). p51–54.

Ham, D.J., Knez, W.L., and Young, W.B. (2007). A deterministic model of the vertical jump: implications for training. Journal of Strength & Conditioning Research, 21(3): 967–972.

Inaba, Y., Yoshioka, S., Iida, Y., Hay, D.C., and Fukashiro, S. (2013). A biomechanical study of side steps at different distances. Journal of Applied Biomechanics, 29 (3): 336–345.

Matt Brughelli, John Cronin, Greg Levin and Anis Chaouachi. (2008). Understanding Change of Direction Ability in Sport:A Review of Resistance Training Studies. Sports Med. 38(12), p1045–1063.

Wisloff, U., Castagna, C., Helgerud, J., Jones, R., and Hoff, J. (2004). Strong correlation of maximal squat strength with sprint performance and vertical jump height in elite soccer players. British Journal of Sports Medicine, 38: 285–288.

Young, W.B., James, R. and Montgomery. I. (2002). Is muscle power related to running speed with changes of direction? J. Sports Med. Phys. Fitness, 42, p282–288.

PART 2

가시와쿠라 히데노리 · 우치야마 하루키 · 이케다 에이지 · 마치다 요스케 · 도이 다카시(2019). 농구경기에서 픽플레이의 성공 요인에 관한 연구 –'스크리너'의 준비 국면에서의 동작에 주목해서–. 코칭학 연구. 33(1):43–54.

나가타 나오야 · 후루하시 요시노리 · 다케다 나오유키 · 고야마 사토시 · 이노마타 기미히로(2009). 농구 자유투에서 Quiet Eye 트레이닝 효과. 주쿄대학 체육학 논문집. 50(1). 23–29.

도이 다카시 · 우치야마 하루키(2017). 농구경기에서 개인전술 행위로서의 드라이브 동작에 관한 연구– '튕기는' 기술에 주목해서. 코칭학연구. 31(1):31–42.

미즈사키 유키 · 나카모토 히로키. 시선행동 변용에 주목한 트레이닝 방법 가능성. 농구연구. 5.

미우라 아키토 · 구도 가즈토시 · 오오츠키 다츠야키 · 가네히사 히로아키. 전신 리듬 동작의 동작 모드.

사사키 히카루 · 우치야마 하루키 · 요시다 겐지(2015). 농구 경기에서 픽플레이의 메커니즘에 관한 기술분석적 연구. 코칭학 연구. 28(2):115–127.

이시바시 유키마사 · 가토 다카아키 · 나가노 도모히사 · 오기 유지 · 사사키 미츠오(2010). 농구 자유투 결과를 예측할 때 숙련 선수의 시각 탐색활동. 스포츠심리학 연구. 37(2):101–112.

이와미 마사토 · 다나카 히데유키 · 기즈카 도모히로(2014). 속도변화를 동반하는 볼 바운싱 과제의 동작 원활성 평가. 바이오메카니즘. 22:167–76. doi: 10.3951/biomechanisms.22. 167.

일본농구협회(2014). 농구 지도교본(상권). 다이슈칸쇼텐. p108.

Fujii K, Yamada Y, Oda S. (2010). Skilled basketball players rotate their shoulders more during running while dribbling. Perceptual and motor skills. 110(3):983–94.

Fujii S, Oda S. (2006). Tapping speed asymmetry in drummers for single–hand tapping with a stick. Perceptual and motor skills. 103(1):265–72.

Fujii S, Kudo K, Ohtsuki T, Oda S. (2010). Intrinsic constraint of asymmetry acting as a control parameter on rapid, rhythmic bimanual coordination: a study of professional drummers and nondrummers. Journal of neurophysiology. 104(4):2178–86.

Harle, S. K., & Vickers, J. N. (2001). Training quiet eye improves accuracy in the basketball free throw. The Sport Psychologist, 15, 289–305.

참고문헌

Inaba Y., Hakamada, N., and Murata, M. (2019). Computation of Optimal Release Parameters of Jump Shots in Basketball. In: Sport Science Research and Technology Support. icSPORTS 2016, icSPORTS 2017. Communications in Computer and Information Science, 975: 164–175.

Moran, A. P. (1996). The Psychology of Concentration in Sport Performers: A Cognitive Analysis: Improving concentration in sport, 1: assumptions, exercise and techniques: 167–200, UK, Psychology Press.

Knudson, Duane. (1993). Biomechanics of the Basketball Jump Shot–Six Key Teaching Points. Journal of Physical Education, Recreation & Dance. 64: 67–73.

Lonsdale, C., & Tam, J. T. M. (2008). On the temporal and behavioral consistency of pre–performance routines: an intra–individual analysis of elite basketball players' free throw shooting accuracy. Journal of Sports Sciences, 26(3), 259–66.

Okazaki, Victor & Rodacki, Andre & Satern, Miriam. (2015). A review on basketball jump shot. Sports Biomec hanics. 14: 1–16.

Okubo, H., and Hubbard, M. (2006). Dynamics of the basketball shot with application to the free throw. Journal of Sports Science. 24(12): 1303–1314.

Schmidt RA, 죠시 고지(1994). 운동학습과 퍼포먼스: 이론부터 실전으로. 다이슈칸쇼텐. p309.

Silverberg, L., Tran, C., and Adcock, K. (2003). Numerical analysis of the basketball shot. Journal of Dynamic Systems, Measurement, and Control. 125(4): 531–540.

Southard, D. & Miracle, A. (1993). Rhythmicity, and motor performance: a study of free throw shooting in basketball. Research Quarterly for Exercise and Sport 64: 284–290.

Tran, C., and Silverberg, L. (2008). Optimal release conditions for the free throw in men's basketball. Journal of Sports Science. 26(11): 1147–1155.

Vickers, J. N. (1996). Visual Control When Aiming at a Far Target. Journal of Experimental Psychology: Human Perception and Performance, 22(2), 342–54.

Vickers, J. N. (2007). Perception, cognition & decision training: The Quiet Eye in action. Champaign, IL: Human Kinetics.

Wrisberg, C. A. & Pein, R. L. (1992). The preshot interval and free throw accuracy: an exploratory investigation. The Sport Psychologist 6:14–23.

Yoshie, Michiko & Kudo, Kazutos hi & Murakoshi, Takayuki & Ohtsuki, Tatsuyuki (2009). Music performance anxiety in skilled pianists: Effects of social–evaluative performance situation on subjective, autonomic and electromyographic reactions. Experimental brain research. 199. 117–126.

PART 3

후지이 게이스케 · 고야마 다케시(2017). 경기 수준이 높은 상대와의 시합 중에 농구 선수의 운동 출력과 심박응답. 스포츠퍼포먼스 연구. 9:542–556.

Fujii, K., Yamashita, D., Yoshioka, S., Isaka, T., and Kouzaki, M. (2014). Strategies for defending a dribbler: Categorisation of three defensive patterns in 1–on–1 basketball Sport Biomech. 13(3); 1–11.

Fujii, K., Yokoyama, K., Koyama, T., Rikukawa, A., Yamada, H., Yamamoto, Y. (2016). Resilient help to switch and overlap hierarchical subsystems in a small human group. Scientific Reports. 6; (23991).

Fujii, K., Yoshioka, S., Isaka, T., and Kouzaki, M. (2013). Unweighted state as a sidestep preparation improve the initiation and reaching performance for basketball players. J Electromyograph Kinesiol. 23 (6); 1467–1473.

Fujii, K., Yoshioka, S., Isaka, T., and Kouzaki, M. (2015). The preparatory state of ground reaction forces in defending against a dribbler in a basketball 1–on–1 dribble subphase. Sport Biomech. 14(1); 1–17.

Fujii, K., Shinya, M., Yamashita, D., Oda, S., Kouzaki, M. (2014). Superior reaction to changing directions for skilled basketball defenders, but not linked with specialized anticipation. European Journal of Sport Science. 14; (3): 209–216.

Fujii, K., Shinya, M., Yamashita, D., Oda, S., Kouzaki, M. (2014). Anticipation by basketball defenders: an explanation based on the 3D inverted pendulum model. European Journal of Sport Science. 14; (6): 538–546.

PART 4

기노시타 나츠키 · 야이타 아키히토(2019). 농구의 스크린플레이에서 시계열적인 공방의 액션과 성패의 관련.

야이타 아키히토 · 아오야기 오사무(2014). 농구의 속공에서 상황 판단 능력의 인자 구조: 팀의 경기 스타일, 성별 차이. 경기수준. 포지션과 상황 판단 능력과의 관련. 트레이닝 과학. 25(2):95–112.

야이타 아키히토 · 아오야기 오사무 · 구라이시 오사무 · 노데라 가즈히코(2017). 농구 시합에서 슛 성패에 영향을 주는 여러 요인. 코칭학 연구. 30(2): 179–192.

우치야마 하루키 · 이케다 에이지 · 요시다 겐지 · 마치다 요스케 · 아미노 도모오 · 가시와쿠라 히데노리(2018). 농구 경기에서 '시합의 흐름'과 승패와의 인과관계에 관한 연구: 각 쿼터의 상호 의존 관계에 주목해서. 체육학 연구. 3(2):605–622.

우치야마 하루키(2004). 농구 경기에서 팀 전술의 구조 분석. 스포츠방법학 연구. 17(1):25–39.

우치야마 하루키(2007). 스포츠에서 전술 연구를 위한 방법 서설. 체육학 연구. 52(2):133–147.

Yaita & Aoyagi (2014). Decision–making skills and coaching sequentiality for basketball screening assessed using covariance structure analysis. Journal of Physical Exercise and Sports Science, 20(1):1–12.

Yaita & Aoyagi (2015). Structural models of coaching decision–making ability for individual offensive actions in basketball. The Japan Journal of Coaching Studies, 28(2): 129–140.

PART 5

가타요세 마사키(2018). 족부 · 족관절 물리요법 매니지먼트. 메디컬리뷰사. p36.

가토 시게유키 · 사토 미츠야(2007). 농구 경기에서 족관절 테이핑 및 기구의 제동력 지속성에 관해서. 기비국제대학 보건과학부연구 기요(12). p45–49.

구니카타 에이지(2019). 그리스 · 로마 스토아학파 철학자들 세네카, 에픽테토스, 마르쿠스 아우렐리우스. 주오코론사.

참고문헌

깃카와 마사오(2005). 트레이닝 가능한 심리적 스킬. 일본스포츠심리학회 편찬. 스포츠 멘털 트레이닝 교본 개정 증보판. 다이슈칸쇼텐. p15–19.

나가타 나오야(2014). 농구에서 스포츠 심리학: 코칭과 선수강화 측면에서. The Backboard: JBA 코칭매거진. Vol.2. p47–52.

도쿠나가 미키오 · 하시모토 기미오(1988). 스포츠 선수의 심리적 경기 능력의 트레이닝에 관한 연구(4): 진단 테스트의 작성. 건강과학. 10. p73~84.

마르쿠스 아우렐리우스(2007). 자성록 개정판. 열린책들.

마시모 피글리우치(2019). 그리고 나는 스토아주의자가 되었다. 든.

마쓰이 히데키(2007). 부동심(不動心). 신쵸신쇼.

스포츠안전협회 · 일본체육협회(2017). 스포츠 외상 · 장애 예방 가이드북. p11.

시모타케 신이치로(2015). 트레이닝을 배운다–체육수업의 이론과 실천. 북하우스HD.

무라키 유키토(1994). 스포츠 트레이닝 이론. 북하우스HD.

에픽테토스(1958). 인생담의. 상 · 하권. 가노 지스케 번역. 이와나미 문고.

오기노 히로유키(2009). 마르쿠스 아우렐리우스 〈자성록〉 정신의 성새. 이와나미쇼텐.

오기노 히로유키 · 가오리&유카리 그림(2019). 노예 철학자 에픽테토스 인생 수업–이렇게 괴로운 세상에서 '잘 살기' 위해. 다이아몬드사.

즈시 고지. 스포츠 연습으로 움직임이 변하는 요인–체력 요인과 기술 요인에 관한 상호관계–. 바이오메카닉스 연구. 7(4): 303–312. 2003.

후쿠바야시 도오루 · 가마다 가즈요시(2012). 족부 스포츠 장애 치료의 과학적 기초. 냅사. 145–152.

Boukhris O, Abdessalem R, Ammar A, Hsouna H, Trabelsi K, Engel FA, Sperlich B, Hill DW, Chtourou H. (2019). Nap Opportunity During the Daytime Affects Performance and Perceived Exertion in 5–m Shuttle Run Test. Frontiers in Physiology.10: 779.

Burke, K. L. and Brown, D. (2003). Sport psychology library: Basketball. Fitness information technology, Inc.

Ferioli, D., Rampinini, E., Bosio, A., La Torre, A., Azzolini, M., and Coutts, A.J. (2018). The physical profile of adult male basketball players: Differences between competitive levels and playing positions. Journal of Sports Sciences, 36(22): 2567–2574.

Gould, D and Eklund, R. C. (2007). The application of sport psychology for performance optimization. Smith, D. and Mar–Eli, M. (Eds.d), Essential readings in sport and exercise psychology. Human kinetics, p231–240.

Jones JJ, Kirschen GW, Kancharla S, Hale L. (2019). Association between late–night tweeting and next–day game performance among professional basketball players. Sleep Health. 5(1): 68–71.

Kobayashi T, et al.: Intrinsic predictive factor of noncontact lateral ankle sprain in collegiate athletes: a case–control study. Orthop J Sports Med. 2013; 1(7): 1–8.

Knowles OE, Drinkwater EJ, Urwin CS, Lamon S, Aisbett B. (2018). Inadequate sleep and muscle strength: Implications for resistance training. Journal of Science and Medicine in Sport. 21(9): 959–968.

Lau, Kenney Ki-Lee & Cheng, Kenneth. (2019). Effectiveness of Taping on Functional

Performance in Elite Athletes: A Systematic Review. Journal of Biomechanics. 90, 16–23.

Mah, Cheri & Mah, Kenneth & Kezirian, Eric & Dement, William. (2011). The Effects of Sleep Extension on the Athletic Performance of Collegiate Basketball Players. Sleep. 34: 943–950.

Marshall, Geoff & Turner, Anthony. (2016). The Importance of Sleep for Athletic Performance. Strength and Conditioning Journal. 38: 61–67.

Paradi, K. F. and Martin. L. J. (2012). Team Building in Sport: Linking Theory and Research to Practical Application. Journal of Sport Psychology in Action, 3, 159–170.

Vicenzino B, et al.: Initial Changes in Posterior Talar Glide and Dorsiflexion of the Ankle After Mobilization With Movement in Individuals With Recurrent Ankle Sprain. J Orthop Sports Phys Ther 2006:36(7):464–471.

PART 6

가토 히로시(2007). 일본에서 가장 많이 이긴 남자의 승리 철학. 겐토샤. p.56.

가토 히로시(2007). 일본에서 가장 많이 이긴 남자의 승리 철학. 겐토샤. p.11.

누마사와 슌(2015). 외상 · 장애조사로 본 고교 농구선수의 기왕력별 족관절 염좌 부상 대응. 제70회 일본체력의학회대회.

마이크 크루지제프스키 · 제이미 스파톨라(2020). 강력한 팀을 만드는 리더의 40가지 원칙(Beyond basketball: Coach K's keywords for success). 산수야.

미키 히데유키 · 시미즈 유(2012). 농구. Journal of Clinical Rehabilitation. 21:1102–1107.

사로도 시게키(2018). '코칭 철학'의 기초. 체육학 연구. 63(2). p547–562.

우치야마 하루키(2012). 농구에서 룰의 존재론적 구조: 경기력을 구성하는 지적 계기로서의 범위에서. 쓰쿠바대학 체육과학계열 기요. 35:27–49.

우치야마 하루키(2009). 농구 경기 특성에 관한 고찰: 운동형태에 주목한 차이론적 어프로치. 체육학 연구. 54(1):29–41.

존 우든 · 스티브 제이미슨(2014). 기르는 기술(Wooden: A Lifetime of observations and Reflections On and Off the Court). 유미바 다카시 번역. 디스커버21. p143.

피트 캐릴 · 댄 화이트(2011). 현자는 강자를 능가한다–피트 캐릴의 코칭 철학(The Smart Take From the Strong). 니스기 시게루 등 번역. 고요쇼보. p3.

필 잭슨 · 휴 델리한티(2014). 필 잭슨의 일레븐 링즈(Eleven rings: the soul of success). 한스미디어.

Hootman JM, Dick R, et al. (2007). Epidemiology of collegiate injuries for 15 sports: summary and recommendations for injury prevention initiatives. J Athl Train. 42: 311–9.

Van Mechelen W, Hlobil H, et al. (1992). Incidence, severity, aetiology and prevention of sports injuries. A review of concepts. Sports Med. 14(2): 82–99.

집필자 소개

이나바 유키

국립스포츠과학센터 연구원

도쿄대학대학원에서 박사학위를 받았으며 2013년부터 국립스포츠과학센터 스포츠과학부 연구원으로 일하고 있다. 일본 바이오메카닉스 학회 이사. 전문 분야는 바이오메카닉스.

나가타 나오야

게이오기주쿠대학 체육연구소 전임강사

1983년 기후현 출생. 스포츠심리학을 전공했으며, 도카이대학 남자농구부 시절부터 학생 멘털 트레이닝 코치로 활동하며 퍼포먼스 향상을 위한 심리 서포트를 배웠다. 일본스포츠심리학회 인정 스포츠 멘털 트레이닝 상급지도사. 일본패럴림픽위원회 의과학 정보 서포트 사업 심리영역 스태프, 일본농구협회 기술위원회 지도자양성 부회 실무위원회에서 일했다.

시모타케 신이치로

지바상과대학 육상부 코치

1978년 도쿄 출생. 일본체육대학과 동 대학원을 졸업하고, 일본체육대학 스포츠트레이닝센터 조수, 주쿄대학 스포츠과학부 조교를 거쳐 지바상과대학 육상경기부 코치로 일하고 있다. 저서로는 《오노타쿠식 구기 종목 지도 가이드》, 《트레이닝을 배운다: 체육수업 이론과 실천》이 있다.

이와미 마사토

도쿄농공대학 농구부 헤드 코치

1981년 효고현 출생. 도쿄농공대학대학원 첨단건강과학부문 조교. 준텐도대학 스포츠건강과학부를 졸업하고 쓰쿠바대학대학원에서 박사학위를 받았다(체육과학). 전문 분야는 운동생리학 및 바이오메카닉스 방법을 이용한 스포츠 스킬 분석. 일본농구학회 이사, 기술위원회 지도자양성부회 실무위원회에서 일하고 있다.

사로도 시게키

일본체육대학 종합스포츠과학연구센터 특별연구원

1981년 가와사키 출생. 조치대학대학원 철학연구과에서 박사학위를 받았다. 조치대학대학원 철학연구과 특별연구원을 거쳐 2016년부터 현재 일본농구협회 기술위원회에서 지도자 양성에 힘쓰고 있으며, 대학에서 철학사와 서양 비교사상을 강의하고 있다.

야마자키 기하루

도쿄가정대학 농구부 헤드 코치

1991년 도쿄 출생. 2014년 준텐도대학 스포츠건강과학부 스포츠과학과 졸업하고 대학원에서 스포츠건강과학연구로 석사학위를 받았다. 전문 분야는 측정·평가학 및 코칭학, 체력 트레이닝. 도쿄가정대학 아동학부 아동지원학과 조교. 현장에서 활용할 수 있는 데이터 측정을 키워드로 농구 선수를 중심으로 연구하고 있다.

누마사와 슌

의료법인 N클리닉
재단법인 오사카부 농구협회 의과학위원회

1986년 지바현에서 출생. N클리닉 수석 물리치료사. 일반재단법인 오사카부 농구협회 의과학위원으로 청소년 선수의 부상 예방을 위한 메디컬 체크를 담당했다. 기비국제대학 보건과학부 이학요법학과 졸업하고, 동 대학원에서 이학요법으로 석사학위를 받았다. 물리치료사이자 선수 트레이너로, 전문 분야는 농구선수 상해 예방, 특히 발목염좌.

다니가마 히로노리

도요대학 여자농구부 헤드 코치

1980년 도쿄 출생. 도요대학 법학부 법률학과 교수. 일본농구학회 이사이며, 일본농구전당 위원. 일본체육대학 체육학과 졸업하고, 동 대학원에서 박사학위를 받았다(체육과학). 전문 분야는 스포츠 역사. 현재 농구 기술의 역사와 올림픽 대표팀 역사 등을 연구하고 있다.

후지이 케이스케

나고야대학대학원 정보학연구과 조교

1986년 오사카에서 출생. 교토대학 종합인간학부를 졸업하고, 2009–2013년 교토대학 남자농구부 코치를 역임했다. 2014년 교토대학대학원 인간·환경학연구과에서 박사학위를 받았다. 일본농구학회 편집위원이자 이화학연구소 혁신지능통합연구센터 객원연구원으로, 전문 분야는 스포츠 행동 정보처리. 체육·정보 관련 학회·연구회 등에서 다수 수상한 바 있다.

우치야마 하루키

쓰쿠바대학 체육계 교수
쓰쿠바대학대학원 인간종합과학연구과장

1957년 후쿠이현 출생. 일본농구학회 회장과 일본코칭학회 이사를 역임했다. 쓰쿠바대학 체육전문학군을 졸업하고, 체육과학 박사과정을 마친 후 사이타마대학에서 근무했다. 1992~1993년 오스트리아 빈 대학 문부성 재외연구원. 전문 분야는 스포츠 철학, 코칭학, 농구학. 쓰쿠바대학 여자부 감독으로 2004년 전국대회 우승하였으며, 2004~2007년까지 간토 리그 4연패를 달성했다.

야이타 아키히토

규슈쿄리츠대학 스포츠학부 스포츠학과 준교수
일본농구학회 부회장

1961년 도쿄 출생. 고쿠가쿠인대학 법학부 졸업. 실업팀에서 2년간 선수로 활약 후, 일본체육대학대학원에 진학했다. 규슈여자단기대학, 규슈쿄리츠대학에서 팀을 이끌고 전국대회에 출장하였으며, 후쿠오카대학 대학원에서 '농구의 상황판단 능력'으로 박사학위를 받았다. 전문 분야는 구기기술, 코칭학, 농구 상황판단.

이이다 요시아키

난잔대학 농구부 부장

1985년 나가사키현 출생. 난잔대학 체육교육센터/이공학부 강사. 일본농구학회 이사. 와세다대학 스포츠과학부를 졸업하고, 도쿄대학대학원 종합문화연구과에서 박사학위를 받았다. 전문 분야는 바이오메카닉스, 트레이닝 과학. 현재 스포츠 과학에 관한 교육·연구를 진행하며 농구 현장에서 스포츠 과학 활용을 추진하고 있다.

기획·구성·편집
사토 노리타카 (주식회사 Ski–est)
이나미 시오리 (주식회사 Ski–est)
www.ski–est.com

편집 협력
나카니시 히사하루
하루 아키타 리나, 오오타 토모카, 모리 아유미
아마타 유키코 (RKU BASKETBALL LAB)

디자인
마에다 도시히로 (Super Big BOMBER INC.)

일러스트
나라자키 요시노부

사진
Getty images

농구가 과학으로 강해진다

1판 2쇄 | 2024년 11월 25일
지 은 이 | 고타니 기와무·가시와쿠라 히데노리
옮 긴 이 | 전종훈
발 행 인 | 김인태
발 행 처 | 삼호미디어
등　　록 | 1993년 10월 12일 제21–494호
주　　소 | 서울특별시 서초구 강남대로 545–21 거림빌딩 4층
www.samhomedia.com
전　　화 | (02)544–9456(영업부) / (02)544–9457(편집기획부)
팩　　스 | (02)512–3593

ISBN 978–89–7849–630–8 (13690)